液压与气动技术项目化教程

主 编 于瑛瑛 王 冰 刘丽萍
副主编 崔亚男 殷晓辉 卢 萍
　　　 孙一铭 孙永芳 孔 磊
　　　 韩如坤

北京理工大学出版社
BEIJING INSTITUTE OF TECHNOLOGY PRESS

内 容 简 介

本教材以学生诉求和社会发展需求为观测点，主动融入时代元素，由专业教师、行业企业导师、思政教师三师协同编写，内容选取紧扣标准，立德树人，知识能力素养并重。内容设计上注重理论与生产实际的紧密联系，在内容取舍上力求做到少而精、少而够、少而实。全书共分为六个工作任务，以液压技术应用为主线，由简到繁，由易到难，梯度明晰，序化适当，将技能实训融合在液压技术基本原理的各知识点中，坚持在"做中学，做中教"，尽量减少复杂的理论推导和烦琐的计算，将气动技术作为液压技术的知识和技能拓展，并把"二十大精神"和"立德树人"基本要求有机融入教材，突出对学生应用能力和综合素质的培养。同时为配合混合式教学、在线学习等泛在教学改革的需要，针对重要知识点，与企业联合开发了一些动画、视频等资源，并以二维码的形式嵌入书中相应位置，方便学生随时随地通过手机等移动终端扫描观看学习。

本教材可作为高等院校和高职院校机电一体化技术、机械制造及自动化、数控技术、工业机器人技术、数控设备应用与维护、自动化控制等机电类专业的教学用书，也可以作为教师、企业生产技术人员的参考书。

版权专有　侵权必究

图书在版编目（CIP）数据

液压与气动技术项目化教程／于瑛瑛，王冰，刘丽萍主编. -- 北京：北京理工大学出版社，2025.1.
ISBN 978-7-5763-4887-3

Ⅰ.TH137；TH138

中国国家版本馆 CIP 数据核字第 2025LV3768 号

责任编辑：封　雪　　**文案编辑**：封　雪
责任校对：周瑞红　　**责任印制**：李志强

出版发行 ／ 北京理工大学出版社有限责任公司
社　　址 ／ 北京市丰台区四合庄路 6 号
邮　　编 ／ 100070
电　　话 ／ （010）68914026（教材售后服务热线）
　　　　　　　（010）63726648（课件资源服务热线）
网　　址 ／ http://www.bitpress.com.cn
版 印 次 ／ 2025 年 1 月第 1 版第 1 次印刷
印　　刷 ／ 河北盛世彩捷印刷有限公司
开　　本 ／ 787 mm×1092 mm　1/16
印　　张 ／ 12
字　　数 ／ 275 千字
定　　价 ／ 79.00 元

图书出现印装质量问题，请拨打售后服务热线，负责调换

前　言

　　为贯彻落实党的二十大精神，更好地满足教育部制定的"高职高专教育专业人才培养目标及规格"要求，落实《高等学校课程思政建设指导纲要》，适应"液压与气压传动技术"课程混合式教学、在线学习等泛在教学模式的需要，突出学生实践能力和创新精神的培养要求等，编者经过大量的企业调研和毕业生跟踪调查，深入了解企业和岗位对液压与气动技术的需求，在听取行业企业专家意见的基础上，结合近几年的成功教学实践经验，本着"培根铸魂、启智增慧"的理念，编写了本书。

　　本教材依据"够用、实用"的原则，以液压传动技术为主线，通过液压技术的学习去触类旁通气动技术。本书以典型工作任务为载体，打破传统教材知识体系，基于工作任务去整合相关知识点和技能点，通过任务实施去培养学生的分析、设计、搭建调试液压与气动基本回路的能力，诊断和排除液压与气动系统故障的能力。

　　本教材坚持立德树人导向，融入课程思政元素，在每个任务后均配有博闻强识板块，将知识传授与技术技能培养、工程伦理教育、工匠精神塑造、爱国情怀激发并重。为了提高学生学习的兴趣和主动性，教材配套动画、课件、习题等。并在教材侧面留有工作记录，便于学生随时记录问题。

　　本教材可作为高职高专机电一体化技术、工业机器人技术、数控技术、模具设计与制造、数控设备应用与维护、自动化控制等机电类专业的教学用书，也可以作为教师、企业生产技术人员的参考书。

　　本教材由于瑛瑛、王冰和刘丽萍任主编，崔亚男、殷晓辉、卢萍、孙一铭、孙永芳、孔磊、韩如坤任副主编，乔玉冰、陈海涛、段斐、周研、卞瑞姣、田爱婷、姜志军任参编。本教材在编写过程中得到兄弟院校和合作企业的大力支持和帮助。

　　限于编者水平，书中难免有不足之处，恳请各位读者批评指正。

编　者

目 录

工作任务一　液压传动基础知识认知 ·· 1

　　子任务一　液压系统基本认知 ·· 1
　　子任务二　液压系统工作介质认知 ·· 8

工作任务二　液压泵的选用和故障排除 ·· 24

　　子任务一　液压泵基本认知 ·· 25
　　子任务二　液压泵的选用 ·· 31
　　子任务三　液压泵的故障排除 ·· 46

工作任务三　液压缸的选用和故障排除 ·· 52

　　子任务一　液压缸的选用 ·· 52
　　子任务二　液压缸的故障排除 ·· 68

工作任务四　控制元件及基本回路的认知与搭建 ·· 75

　　子任务一　挖掘机手臂伸缩控制回路的搭建 ·· 75
　　子任务二　汽车起重机支腿锁紧回路的搭建 ·· 91
　　子任务三　冲床液压控制回路的搭建 ·· 100
　　子任务四　钻床液压控制回路的搭建 ·· 107
　　子任务五　数控机床刀盘回转液压控制回路的搭建 ·· 117

工作任务五　液压辅助元件的选用与安装 ·· 128

　　子任务一　滤油器的安装与使用 ·· 128
　　子任务二　油箱的设计与选用 ·· 135
　　子任务三　蓄能器的安装与选用 ·· 139

工作任务六　典型液压与气压系统分析 ······ 147

子任务一　组合机床动力滑台液压系统的分析 ······ 147
子任务二　液压机液压系统分析 ······ 155
子任务三　气动机械手气动系统分析 ······ 163
子任务四　工件尺寸自动分选机气动系统分析 ······ 171

附录　常用液压与气动元件图形符号 ······ 176

参考文献 ······ 185

工作任务一　液压传动基础知识认知

任务目标

1. 能够正确分析液压与气压传动的工作原理；
2. 掌握液压与气动系统的组成；
3. 能够正确运用液体静力学和动力学的知识解释或解决生活或生产中的现象或问题；
4. 知道液压和气动技术的实际应用。

任务简介

1. 本任务通过液压千斤顶、气动剪切机等实际案例，使学生掌握液压与气压传动技术的工作原理、系统组成，以及静力学和动力学的相关知识，为后续课程的学习奠定理论基础。

2. 液压传动基础知识认知任务学习地图。

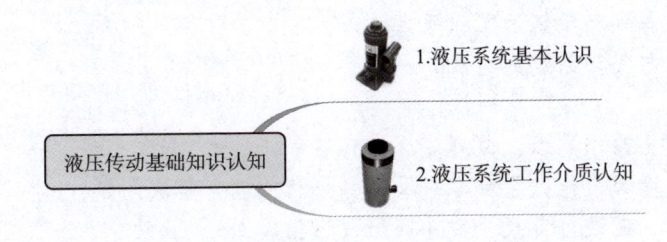

液压传动基础知识认知
- 1.液压系统基本认识
- 2.液压系统工作介质认知

子任务一　液压系统基本认知

【任务导读】

2022年，在山东青岛辽阳路（南京路—福州路段）交通结建工程施工现场上演了震撼一幕，施工方使用120台千斤顶，历时约22天，将重达近万吨的旧桥顶高5.798 m，让已通车多年的杭鞍高架路南京路路口长达159 m的落地段旧桥面成功完成"巨龙抬头"，而完成顶升的旧桥将与新建双向六车道高架桥实现高空"接轨"继续东延，如图1.1.0所示。

图 1.1.0 千斤顶实现"旧桥顶升"

这项工程不仅打破了山东省最高顶升纪录，调坡比达到全国前列，成功完成了高架桥"龙抬头"的壮举，还通过实施"旧桥顶升"将施工对周边居民、交通带来的影响降至最低，大大缩短了施工周期，将8个月左右的施工周期缩短至4个月，同时还极大地节约了约两千余万元的施工成本。

那么千斤顶是如何实现"旧桥顶升"的呢？

【任务目标】

【知识目标】
1. 掌握液压与气动传动的工作原理；
2. 掌握液压与气动系统的组成及各部分的作用；
3. 了解液压与气动系统的发展情况；
4. 知道液压与气动系统的优缺点。

【能力目标】
1. 会分析液压与气动系统的工作原理；
2. 会分析液压与气动系统的组成。

【素质目标】
1. 能够增强安全操作意识，做到安全操作；
2. 能够相互沟通与协作，学会举一反三、分析问题并解决问题；
3. 任务完成后，能进行自我评估并提出改进措施。

【任务资讯】

一、液压传动的工作原理

液压传动是以液体作为工作介质，利用液体的压力能来实现能量传递的传动方式。

液压传动的工作原理，可以用一个液压千斤顶的工作原理来说明。

图1.1.1所示为液压千斤顶的工作原理图及结构组成。大油缸9和大活塞8组成举升液压缸。杠杆手柄1、小油缸2、小活塞3、单向阀4和7组成手动液压泵。如提起手柄使小活塞向上移动，小活塞下端油腔容积增大，形成局部真空，这时单向阀4打开，通过吸油管5从油箱12中吸油；用力压下手柄，小活塞下移，小活塞下腔压力升高，单向阀4关闭，单向阀7打开，下腔的油液经管道6输入大油缸9的下腔，迫使大活

动画二维码
（千斤顶工作原理）

塞 8 向上移动，顶起重物。再次提起手柄吸油时，单向阀 7 自动关闭，使油液不能倒流，从而保证了重物不会自行下落。不断地往复扳动手柄，就能不断地把油液压入举升缸下腔，使重物逐渐地升起。如果打开截止阀 11，举升缸下腔的油液通过管道 10、截止阀 11 流回油箱，重物就向下移动。这就是液压千斤顶的工作原理。

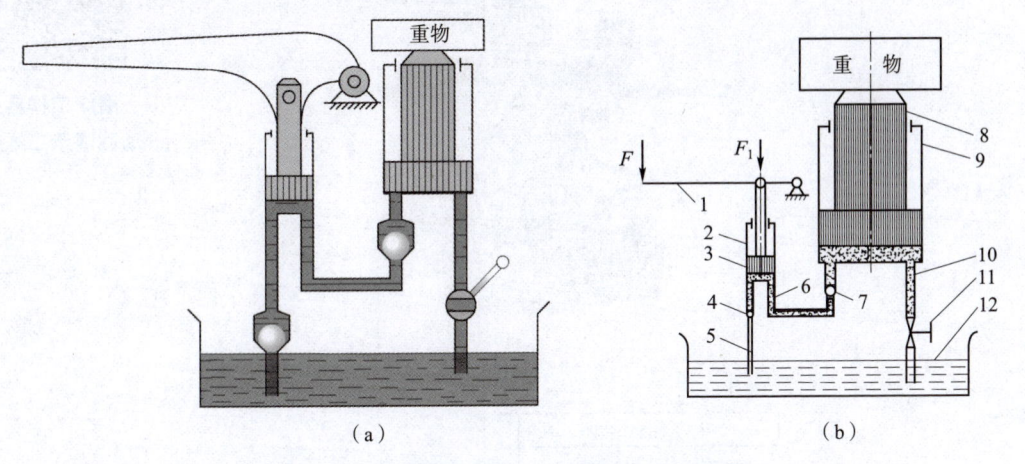

图 1.1.1　液压千斤顶工作原理图及结构组成

（a）工作原理；（b）结构组成

1—杠杆手柄；2—小油缸；3—小活塞；4，7—单向阀；5—吸油管；6，10—管道；
8—大活塞；9—大油缸；11—截止阀；12—油箱

通过对上面液压千斤顶工作过程的分析，可以初步了解到液压传动的基本工作原理。液压传动是利用有压力的油液作为传递动力的工作介质。压下杠杆时，小油缸 2 输出压力油，是将机械能转换成油液的压力能，压力油经过管道 6 及单向阀 7，推动大活塞 8 举起重物，是将油液的压力能又转换成机械能。大活塞 8 举升的速度取决于单位时间内流入大油缸 9 中油容积的多少。由此可见，液压传动是一个不同能量的转换过程。

二、分析液压系统的组成

液压千斤顶是一种简单的液压传动装置。下面以磨床为例分析其驱动工作台运动的液压传动系统。如图 1.1.2 所示，它由油箱、滤油器、液压泵、溢流阀、开停阀、节流阀、换向阀、液压缸以及连接这些元件的油管、接头等组成。其工作原理如下：液压泵由电动机驱动后，从油箱中吸油。油液经滤油器进入液压泵，油液在泵腔中从入口处的低压转变为泵出口处的高压，在图 1.1.2（b）所示状态下，通过开停阀、节流阀、换向阀进入液压缸左腔，推动活塞使工作台向右移动。这时，液压缸右腔的油经换向阀和回油管 6 排回油箱。

如果将换向阀手柄转换成图 1.1.2（c）所示状态，则压力管中的油将经过开停阀、节流阀和换向阀进入液压缸右腔，推动活塞使工作台向左移动，并使液压缸左腔的油经换向阀和回油管 6 排回油箱。

工作台的移动速度是通过节流阀来调节的。当节流阀开大时，进入液压缸的油量增多，工作台的移动速度增大；当节流阀关小时，进入液压缸的油量减小，工作台的移动速度减小。为了克服移动工作台时所受到的各种阻力，液压缸必须产生一个足够大的推力，这个推力是由液压缸中的油液压力所产生的。要克服的阻力越大,缸中的油液压力越高;反之压力就越低。这种现象正说明了液压传动的一个基本原理——压力取决于负载。

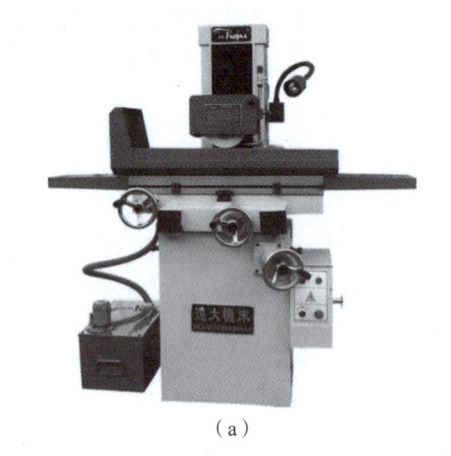

磨床工作台
动画演示二维码

（a）

（b）　　　　　　　　　（c）

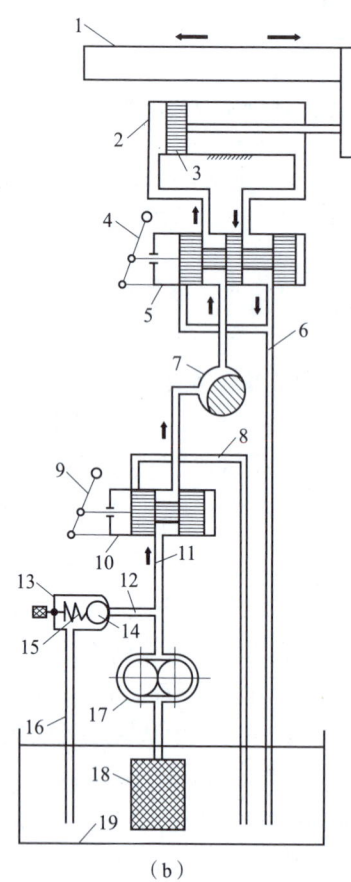

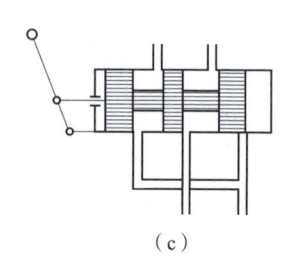

图 1.1.2　磨床工作台液压系统工作原理图

（a）实物图；（b）工作台向右移动；（c）工作台向左移动

1—工作台；2—液压缸；3—活塞；4—换向手柄；5—换向阀；6,8,16—回油管；7—节流阀；9—开停手柄；10—开停阀；11—压力管；12—压力支管；13—溢流阀；14—钢球；15—弹簧；17—液压泵；18—滤油器；19—油箱

从磨床工作台液压系统的工作过程可以看出，一个完整的、能够正常工作的液压系统，应该由以下五个主要部分组成：

（1）动力元件。它是供给液压系统压力油，把机械能转换成液压能的装置。最常见的形式是液压泵。

（2）执行元件。它是把液压能转换成机械能的装置。其形式有做直线运动的液压缸，有做回转运动的液压马达，它们又称为液压系统的执行元件。

（3）控制元件。它是对系统中的压力、流量或流动方向进行控制或调节的装置，如溢流阀、节流阀、换向阀、开停阀等。

（4）辅助元件。上述三部分之外的其他装置，例如油箱、滤油器、油管等。它们对保证系统正常工作是必不可少的。

（5）工作介质。传递能量的流体，即液压油等。

图 1.1.2（b）是一种半结构式的工作原理图，它有直观性强、容易理解的优点，当液压系统发生故障时，根据原理图检查十分方便，但图形比较复杂，绘制比较麻烦。我国已经制定了一种用规定的图形符号来表示液压原理图中的各元件和连接管路的国家标准，即《液压系统图图形符号》（GB/T 786—2021）。

图 1.1.3 所示为图 1.1.2（b）所示系统用国标《液压系统图图形符号》绘制的工作原理图。使用这些图形符号可使液压系统图简单明了，且便于绘图。

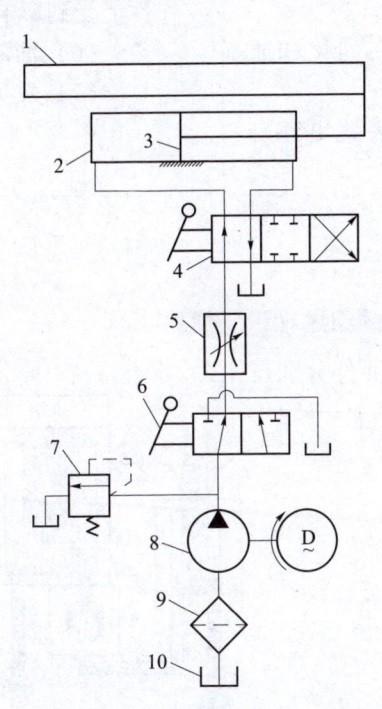

图 1.1.3 机床工作台液压系统的图形符号图

1—工作台；2—液压缸；3—活塞；4—换向阀；5—节流阀；6—开停阀；
7—溢流阀；8—液压泵；9—滤油器；10—油箱

三、液压传动的优缺点

优点：

（1）在传递同等功率的情况下，液压传动装置的体积小、重量轻、结构紧凑。

（2）液压装置重量轻、惯性小、工作平稳、换向冲击小，易实现快速启动，制动和换向频率高。

（3）液压传动装置易实现过载保护，安全性好，不会有过负载的危险。

（4）液压传动装置能在运动过程中实现无级调速，调速范围大（可达范围1∶2 000）。

（5）液压传动装置调节简单、操纵方便，易于自动化。

（6）工作介质采用油液，元件能自行润滑，故使用寿命较长。

（7）元件已标准化、系列化和通用化。

（8）液压装置比机械装置更容易实现直线运动。

缺点：

（1）液压系统大量使用各式控制阀、接头及管子，为了防止泄漏损耗，元件的加工精度要求较高。

（2）液压传动不能保证严格的传动比，这是由液压油的可压缩性和泄漏造成的。

（3）由于油的黏度随温度的改变而改变，故不宜在高温或低温的环境下工作。

（4）由于采用油管传输压力油，压力损失较大，故不宜远距离输送动力。

（5）油液中混入空气后，容易引起爬行、振动和噪声，使系统的工作性能受到影响。

（6）油液容易污染。

（7）发生故障不易检查和排除。

【任务实施】

步骤一：认识液压千斤顶的组成（识元件）

说一说图1.1.4中的4个元件分别是什么。

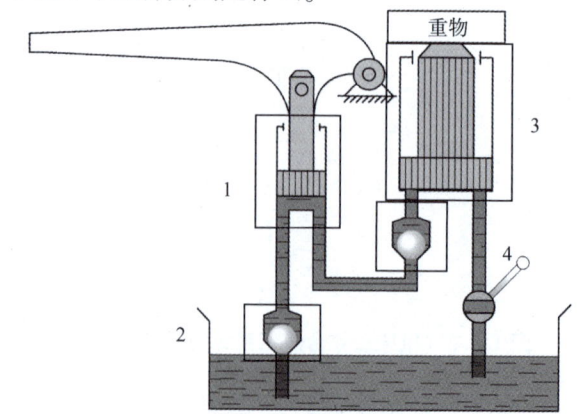

图1.1.4 液压千斤顶

1：_____；2：_____；3：_____；4：_____

步骤二：辨析图 1.1.4 中单向阀、截止阀等的作用（辨功能）

（1）分析并填写出杠杆抬起和压下时千斤顶中油液的流动路线。

抬起：油箱→_____→_____。

压下：小液压缸→_____→_____。

（2）辨析图中单向阀、截止阀的作用。

单向阀：_____
_____

截止阀：_____
_____

步骤三：分析千斤顶工作原理（析原理）

分析液压千斤顶是如何把桥顶高的。

_____
_____
_____

【任务总结】

请扫码完成本次工作的任务评价表。

任务评价表

【知识拓展】

请扫码查看完成任务拓展的知识锦囊。

液压传动系统的应用及气压传动的认知

【拓展任务实施】

步骤一：认识气动系统的组成

（1）气动系统由哪几个部分组成？

_____
_____

（2）液压传动和气压传动系统的工作介质分别是什么？

步骤二：说明气动系统的优缺点

（1）气压传动的优点有哪些？结合实际应用进行说明。

（2）气压传动的缺点有哪些？结合实际应用进行说明。

【拓展任务总结】

请扫码完成本次工作的任务评价表。

任务评价表

【博闻强识】

请扫码学习万吨桥梁"接骨"增高。

万吨桥梁"接骨"增高

子任务二　液压系统工作介质认知

【任务导读】

上海音乐厅原名南京大戏院，建于1930年。欧式风格的建筑，气派十足；幽雅庄重的装修，典雅十足。无论是乐队演奏还是歌剧表演，大跨度的穹顶都能还原真实的音色，配上极佳的音响设备，可使音色丰满、乐声圆润，表演效果惊人。

为了配合市政改造，2002 年 9 月 1 日上海音乐厅歇业，同年 12 月 16 日音乐厅的平移工程开始，对这样一座庞然大物进行整体搬迁，还需要慎之又慎。把墙面敲开看，全是砖木混合结构。这种结构最怕的就是摇晃——容易散架。最可靠的办法就是把整个建筑"打包"。大量钢架从外面，也从里面把每一堵墙撑住，从建筑底部进行切割，用 58 台千斤顶将建筑物顶升起来，用钢筋混凝土做一个新的底盘承托并固定整个建筑物。当整个"打包"完成以后，便开始一步一步地往新址移动。经过近 200 个日日夜夜，克服了无数艰难险阻，2003 年 6 月 17 日，音乐厅向东南方向移动了 66.46 m，并抬高 3.38 m，抵达新址，如图 1.2.0 所示。千斤顶为什么会有这么大的力气呢，一起来探寻一下千斤顶四两拨千斤的奥秘吧。

图 1.2.0 上海音乐厅

【任务目标】

【知识目标】

1. 掌握液压油的基本性质；
2. 掌握黏度的表示方法、液压油牌号的意义、种类；
3. 掌握静压力的概念、单位、表示方法；
4. 掌握静力学基本方程及其物理意义；
5. 掌握液压系统压力损失的表现形式。

【能力目标】

1. 知道黏度的表示方法，根据液压油牌号能正确判断油的黏度；
2. 能运用静力学基本方程求液体的静压力，知道压力的变化规律；
3. 能合理地对液压系统进行布局，尽量减少压力损失；
4. 会正确选用液压油。

【素质目标】

1. 能够团结协作，顺畅地沟通交流；
2. 能够举一反三，分析和解决问题。

【任务资讯】

一、认识液压油的性质

液压传动中的工作介质在液压传动中不仅起传递运动和动力的作用，还起润滑、冷却、密封和防锈的作用。因此，在掌握液压系统之前，必须先对工作介质有基本的认识。液压系统中最常见的工作介质是液压油。

1. 液压油的主要性质

1）液体的密度

密度是液体的一个重要的物理参数。矿物油型液压油的密度因油的牌号不同而不同，并随温度升高而有所减小，随压力的提高而略有增大。由于液压系统中工作压力和油温变化不大，所以液体的密度变化甚微，即可将其视为常数。我国采用 20 ℃时的密度作为油液的标准密度，以 ρ_{20} 表示。在进行液压系统相关的计算时，通常取液压油的密度为 900 kg/m³。

2）液体的可压缩性

液体在压力作用下体积减小的这种性质称为液体的可压缩性。液体可压缩性的大小用压缩系数 k 表示。其定义为：单位压力变化时，液体体积的相对变化量。其表达式为

$$k = -\frac{1}{\Delta P}\frac{\Delta V}{V} \tag{1.2.1}$$

式中：Δp 为液体压力的变化值；ΔV 为液体体积在压力变化 Δp 时的变化量；V 为液体的初始体积。

式中负号是因为压力增大时，液体的体积减小；反之则体积增大。为了使 k 值为正值，故加 "−" 负号。液压油在低、中压下一般被认为是不可压缩的，但在高压时其压缩性则不可忽略。

3）液体的黏性

液体在外力作用下流动（或有流动趋势）时，分子间的内聚力要阻止分子间的相对运动，因而产生一种内摩擦力，这一特性称为液体的黏性。黏性是液体的重要物理性质，也是选择液压油的主要依据之一。

黏性使流动液体内部各处的速度不相等，如图 1.2.1 所示，设两平行平板间充满液体，下平板不动，上平板以速度 u_0 向右平移。由于液体的黏性作用，紧靠下平板和上平板的液体层速度分别为零和 u_0，而中间各液层的速度则视它距下平板的距离大小近似呈线性规律分布。

实验表明，液体流动时，相邻液体层间的内摩擦力 F 与液层接触面积 A、液层间的速度梯度 du/dy 成正比，则

$$F = \mu A \frac{du}{dy} \tag{1.2.2}$$

式中，μ 为比例常数，称为黏性系数或动力黏度，也称绝对黏度。若以 τ 表示内摩擦切应力，即液层间在单位面积上的内摩擦力，则

$$\tau = \frac{F}{A} = \mu \frac{du}{dy} \tag{1.2.3}$$

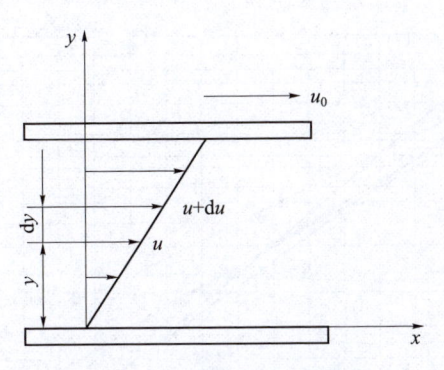

图 1.2.1 液体的黏性示意图

式（1.2.3）就是牛顿液体内摩擦定律。由式（1.2.3）可知，在静止液体中，因速度梯度 $du/dy=0$，内摩擦力为 0，所以流体在静止状态下是不呈黏性的。液体只有在流动（或有流动趋势）时才会呈现出黏性。

液体黏性的大小用黏度来表示。黏度是衡量液体黏性的指标，常用的黏度表示方法有 3 种，即动力黏度、运动黏度和相对黏度。

国际标准化组织（ISO）规定统一采用运动黏度来表示油的黏度等级。我国生产的全损耗系统用油和液压油采用 40 ℃ 时的运动黏度值（以 mm^2/s 计）为其黏度等级标号，即油的牌号。例如牌号 L-HL22 的普通液压油，就是指这种油在 40 ℃ 时运动黏度平均值为 22 mm^2/s。

相对黏度又称条件黏度，它是在特定测量条件下制定的。我国采用恩氏黏度（$°E_t$）。恩氏黏度由恩氏黏度计测定，即将 200 mL 温度为 t 的被测液体装入底部有 ϕ2.8 mm 小孔的恩氏黏度计的容器中，测定全部液体在自重作用下流过小孔所需的时间 t_1，再测定同体积温度为 20 ℃ 的蒸馏水在同一黏度计中流尽所需的时间 t_2，这两个时间之比即为该液体在 t ℃ 下的恩氏黏度，即

$$°E_t = \frac{t_1}{t_2} \tag{1.2.4}$$

工业上常用 20 ℃、50 ℃、100 ℃ 作为测定恩氏黏度的标准温度，并分别用相应的符号 $°E_{20}$、$°E_{50}$、$°E_{100}$ 表示。

油液的黏度随温度变化的性质称为黏温特性。温度对油液黏度的影响很大，如图 1.2.2 所示，当油液温度升高时，其黏度显著下降。油液黏度的变化直接影响液压系统的性能和泄漏量，因此希望油液黏度随温度的变化越小越好。

4）其他性质

液压传动工作介质还有其他一些性质，如稳定性（热稳定性、氧化稳定性、水解稳定性、剪切稳定性等）、抗泡沫性、抗乳化性、防锈性、润滑性以及相容性（对所接触的金属、密封材料、添加料等的作用程度）等，都对它的选择和使用有重要影响。这些性质需要在精炼的矿物油中加入各种添加剂来获得，其含义较为明显，具体可参考相关产品手册。

2. 对液压油的基本要求和选用

1）液压油的种类

液压油的品种很多，主要分为三大类型：矿油型、乳化型和合成型。液压油的主要

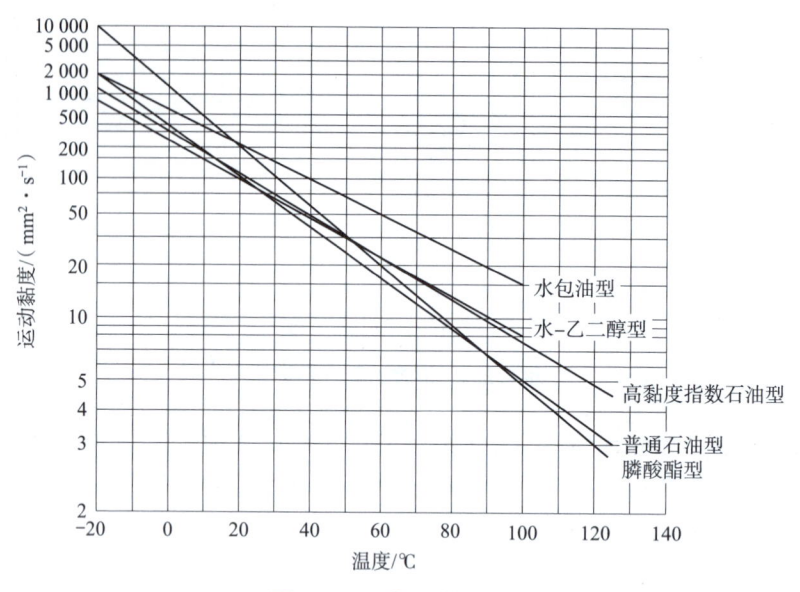

图 1.2.2　黏温特性曲线

品种及其特性和用途如表 1.2.1 所示。液压油的品种由其代号和后面的数字组成，代号中 L 表示润滑剂类别，H 表示液压系统用的工作介质，数字表示为该工作介质的黏度等级。

表 1.2.1　液压油的主要品种及其特性和用途（GB 11118.1—2011）

分类	名称	ISO 代号	组成、特性和用途
矿油型	精制矿物油	L-HH	无添加剂的精制矿物油，抗氧化性、抗泡沫性较差；循环润滑油，液压系统不宜使用；可作液压代用油，用于要求不高的低压系统
	普通液压油	L-HL	HH 油加添加剂，提高其抗氧化性、防锈性、抗乳化性和抗泡性；适用于机床等设备的低压润滑系统
	抗磨液压油	L-HM	HL 油加添加剂，改善其抗磨性；满足中、高压液压系统油泵等部件的抗磨性要求
	低温液压油	L-HV	HM 油加添加剂，改善其黏温特性；适用于寒区-30 ℃以上、作业环境温度变化较大的室外中、高压液压系统的机械设备
	高黏度指数液压油	L-HR	HL 油加添加剂，改善其黏温特性；黏温特性优于 L-HV 油，适用于数控机床液压系统和伺服系统
	液压导轨油	L-HG	HM 油加添加剂，改善其黏-滑特性；适用于液压及导轨为一个油路系统的精密机床，可使机床在低速下将振动或间断滑动（黏-滑）减为最小
	其他液压油	—	加入多种添加剂；用于高品质的专用液压系统

续表

分类	名称	ISO 代号	组成、特性和用途
乳化型	水包油乳化液	L-HFA	又称高水基液，特点是难燃、黏温特性好，使用温度为 5~50 ℃。 有一定的防锈能力，黏度低、润滑性差、易泄漏，系统压力不宜高于 7 MPa。适用于有抗燃要求，用液量特别大，泄漏严重的液压系统
乳化型	油包水乳化液	L-HFB	其性能接近液压油，既具有矿油型液压油的抗磨、防锈性能，又具有抗燃性，使用油温不得高于 65 ℃，适用于有抗燃要求的中压系统
合成型	水-乙二醇液	L-HFC	难燃，黏温特性和抗蚀性好，润滑性较差，能在-18~65 ℃温度下使用，适用于有抗燃要求的中压系统
合成型	磷酸酯传动液	L-HFDR	难燃，自燃点高，挥发性低，润滑抗磨性能和抗氧化性能良好，能在-20~100 ℃温度范围内使用；缺点是有微毒。适用于有抗燃要求的高温、高压精密液压系统

2）对液压油的基本要求

液压系统虽都由泵、阀、缸等元件组成，但不同的工作机械、不同的使用情况对液压传动工作介质的要求有很大不同。为了使液压系统能正常工作，很好地传递运动和动力，使用的工作介质应主要具备以下性能：

（1）合适的黏度和较好的黏温特性，润滑性能良好。

（2）质地纯净、杂质少、对人体无害、成本低。

（3）对金属和密封件、橡胶软管等有良好的相容性。

（4）对热、氧化、水解和剪切都有良好的稳定性。

（5）抗泡沫和抗乳化性好，腐蚀性小，防锈能力强。

（6）流动点和凝固点低，闪点（明火能使油面上油蒸气闪燃，但油本身不燃烧时的温度）和燃点高，比热容和热导率大，体积膨胀系数小。

对于不同的液压系统，则需根据具体情况突出某些方面的使用性能要求。

3）液压油的选用原则

（1）液压系统的工作条件。在液压系统的所有元件中，以液压泵对液压油的性能最为敏感，因为泵内零件的运动速度很高，承受的压力较大，对润滑要求苛刻而且温升高，因此常根据液压泵的类型及要求来选择液压油的黏度，如表 1.2.2 所示。同时，要考虑工作压力范围、油膜承载能力、润滑性、工作介质与密封材料和涂料是否相容等要求。

（2）液压系统的工作环境。主要是环境温度的变化范围、系统的冷却条件、有无明火和高温热源、抗燃性等要求，还要考虑废液再生处理及环保要求。

（3）液压油的性质。如液压油的理化指标和使用性能、各类液压油的特性等。

（4）综合经济分析。选择液压油时要通盘考虑价格和使用寿命对液压元件寿命的影响，当地油品的货源以及维护、更换的难易程度等。高质量的液压油从一次购置的角度来看花费较大，但从使用寿命、元件更换、运行维护、生产效率的提高方面来看，总的经济效益是非常合算的。

表 1.2.2　按液压泵类型推荐用工作介质的黏度

液压泵类型		工作介质黏度/(mm²·s⁻¹)	
		液压系统温度 5~40 ℃	液压系统温度 40~80 ℃
齿轮泵		30~70	65~165
叶片泵	7 MPa 以下	30~50	40~75
	7 MPa 以上	50~70	55~90
径向柱塞泵		30~80	65~240
轴向柱塞泵		40~75	70~150

二、流体力学基础知识

1. 液体静力学

1) 静压力及其特性

物理学将液体的单位面积上所承受的法向力定义为压强，在液压传动中习惯将其称为静压力（压力），通常以 p(Pa 或 N/m²) 表示。

【重要特性】
1. 液体静压力垂直于承压面，方向为该面内法线方向。
2. 液体内任一点所受的静压力在各个方向上都相等。

2) 静力学基本方程

如图 1.2.3 所示，密度为 ρ 的液体在容器内处于静止状态，为求任意深度 h 处的静压力 p，可以假想取出一个底面积为 ΔA、高为 h 的垂直小液柱来研究，该小液柱的力学平衡方程式整理得

$$p = p_0 + \rho g h \tag{1.2.5}$$

式（1.2.5）即为液体静力学基本方程式。

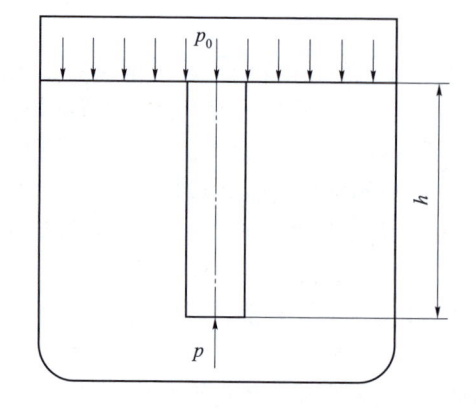

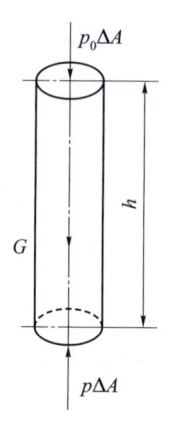

图 1.2.3　重力作用下的静止液体

3）压力的表示方法

压力的表示方法如图 1.2.4 所示。

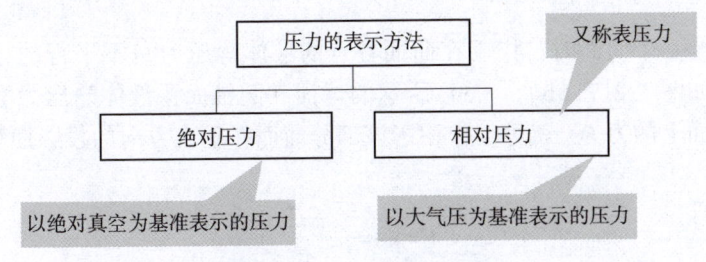

图 1.2.4　压力的表示方法

若液体中某点的绝对压力小于大气压力，那么在这个点上的绝对压力比大气压力小的那部分数值叫作真空度，如图 1.2.5 所示。

绝对压力 = 相对压力 + 大气压力

真空度 = 大气压力 − 绝对压力

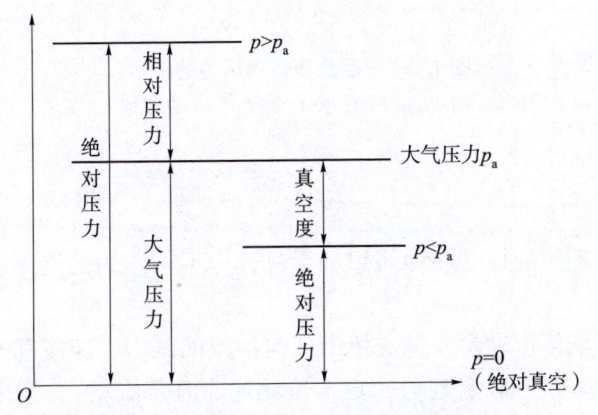

图 1.2.5　绝对压力、相对压力和真空度

4）帕斯卡原理

在密闭容器内，施加于静止液体的压力可以等值地传递到液体各处，这就是帕斯卡原理或者称为静压传递原理。

如图 1.2.6 所示，活塞上的作用力 F 是外负载，A 为活塞面积，根据帕斯卡原理，容器内液体的压力 p 与外负载 F 之间总是保持着正比例关系：

$$p = \frac{F}{A} \quad (1.2.6)$$

可见，液体内的压力是由外界负载作用形成的，即压力取决于负载，这是液压传动中的一个重要的基本概念。

5）液体对固体壁面的作用力

在液压传动计算中，由于液体自重压力 $\rho g h$ 可以忽略，静压力处处相等，所以可认为作用于固体壁面的压力是均匀分布的。

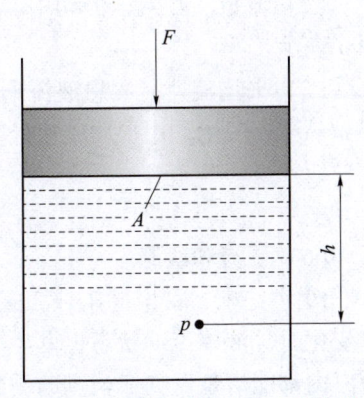

图 1.2.6　静止液体内压力的传递

当固体壁面是一个平面时，如图 1.2.7（a）所示，则压力 p 作用在活塞上的力 F 为

$$F = pA = \frac{\pi D^2}{4}p \qquad (1.2.7)$$

当固体壁面是一个曲面时，作用在曲面各点的液体静压力是不平行的，但是静压力的大小是相等的，如图 1.2.7（b）、（c）所示的球面和圆锥面，液体静压力 p 沿垂直方向作用在球面和圆锥面上的力 F，就等于作用于该部分曲面在垂直方向的投影面积 A 与压力 p 的乘积，即

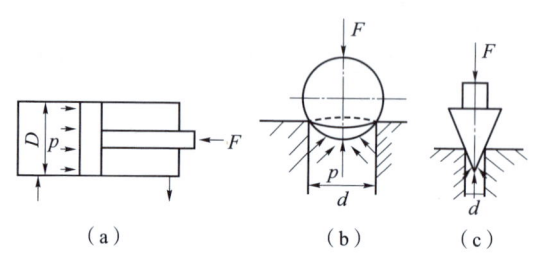

$$F = pA = p\frac{\pi d^2}{4} \qquad (1.2.8)$$

图 1.2.7　静止液体内压力的传递
（a）活塞平面；（b）球面；（c）圆锥面

2. 液体动力学

1）基本概念

（1）理想液体。理想液体是一种假想的无黏性、不可压缩的液体，而实际的液体都是既有黏性又可压缩。

（2）恒定流动。液体流动时，若液体中任何一点的压力、速度和密度等参数都不随时间而变化，则这种流动称为恒定流动（定常流动或非时变流动）；反之，称为非恒定流动（非定常流动或时变流动）。一般在研究液压系统静态性能时，认为液体做恒定流动；在研究其动态性能时，必须按非恒定流动来考虑。

（3）通流截面。垂直于液体流动方向的截面称为通流截面，也称过流断面，常用 A 表示，单位为 m²。

（4）流量。在液压传动中，一般把单位时间内流过某通流截面的液体体积称为流量，用 q 表示。

（5）平均流速。假想液流通过通流截面的流速分布是均匀的，其流速称为平均流速，用 v(m/s) 表示。用平均流速计算整个通流截面面积 A 上流量的公式为

$$v = \frac{q}{A} \qquad (1.2.9)$$

（6）层流和紊流。

19 世纪末，雷诺（Reynolds）首先通过实验观察了水在圆管内的流动情况，发现当流速变化时，液体流动状态也发生变化。在低速流动时，着色液流的线条在注入点下游很长距离内都能清楚看到；当流动受到干扰时，在扰动衰减后流动还能保持稳定；当流速大时，由于流动是不规则的，故着色液体迅速扩散和混合。前一种状态称为层流，在层流时，液

体质点互不干扰，液体的流动呈线性或层状，且平行于管道轴线；后一种状态为紊流，在紊流时，液体质点的运动杂乱无章，除了平行于管道轴线的运动外，还存在着剧烈的横向运动。图 1.2.8（a）所示为层流状态；图 1.2.8（b）所示为层流状态受到破坏，液流开始紊乱；图 1.2.8（c）所示液体流动为紊流。

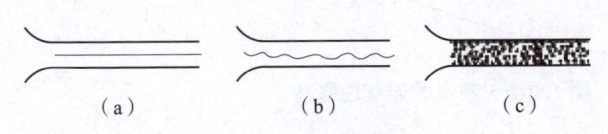

图 1.2.8　液流状态
(a) 层流；(b) 层流状态受到破坏；(c) 紊流

雷诺实验动画二维码

层流和紊流是两种不同性质的流动状态。层流时，液体流速较低，质点受到黏性制约，不能随意运动，黏性力起主导作用；但在紊流时，因液体流速较高，黏性的制约作用减弱，因而惯性力起主导作用。液体流动时究竟是层流还是紊流，须用雷诺数来判别。

（7）雷诺数。

实验表明，液体在圆管中的流动状态不仅与管内的平均流速 v 有关，还和管道内径 d 及液体的运动黏度 ν 有关，而以上三个因数所组成的一个无量纲数就是雷诺数，用 Re 表示，即

$$Re = \frac{vd}{\nu} \tag{1.2.10}$$

实验指出：液体从层流变为紊流时的雷诺数大于由紊流变为层流时的雷诺数，前者称上临界雷诺数，后者称下临界雷诺数。工程中是以下临界雷诺数作为判断液流状态的依据，简称临界雷诺数。当液流实际流动时的雷诺数小于临界雷诺数时，液流为层流；反之液流则为紊流。常见的液流管道的临界雷诺数可由实验求得，具体数值如表 1.2.3 所示。

表 1.2.3　常见的液流管道的临界雷诺数

管道形状	临界雷诺数
光滑金属圆形管道	2 320
橡胶软管	1 600~2 000
光滑的同心环状缝隙	1 100
光滑的偏心环状缝隙	1 000
有环槽的同心环状缝隙	700
有环槽的偏心环状缝隙	400
圆形滑阀开口	260
锥形阀口	20~100

2）流体力学三大方程

（1）连续性方程。

如图 1.2.9 所示，液体在管道中做恒定流动。

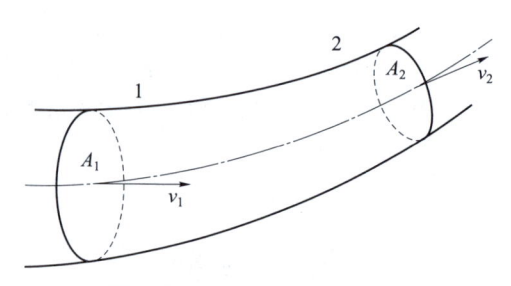

图 1.2.9　液流的连续性原理

任取 1、2 两个通流截面，两截面处面积分别为 A_1 和 A_2，该截面的平均流速为 v_1 和 v_2，液体密度为 ρ_1 和 ρ_2。根据质量守恒定律，在单位时间内流过两个截面的液体质量相等，即

$$\rho_1 v_1 A_1 = \rho_2 v_2 A_2 \tag{1.2.11}$$

假设液体是不可压缩的，即 $\rho_1 = \rho_2$，则

$$v_1 A_1 = v_2 A_2 \tag{1.2.12}$$

因为两通流截面的选取是任意的，故可写成

$$q = vA = 常数 \tag{1.2.13}$$

这就是液体的流量连续性方程，是质量守恒定律在流体力学中的一种表示形式。这个方程表明，液体在管道中流动时，流过各个截面的流量是相等的（即流量是连续的），因而流速和通流截面的面积成反比。

（2）伯努利方程。

由于液压传动系统是利用有压力的流动液体来传递能量的，故伯努利方程也称为能量方程，它是能量守恒定律在流体力学中的一种表达形式。

① 理想液体的伯努利方程。

理想液体无黏性，它在管道内做恒定流动时，没有能量损失。根据能量守恒定律，无论液流的能量如何转换，在任何位置上总的能量都是相等的。在液压传动中，流动的液体除具有压力能之外，还具有动能和位能，如图 1.2.10 所示，任取 A_1 与 A_2 两截面，液位高度分别为 z_1 与 z_2，通流截面上的压力为 p_1 和 p_2，平均流速为 v_1 和 v_2，液体密度为 ρ，根据能量守恒定律，液体在 A_1 截面的能量总和等于在 A_2 截面的能量总和，即

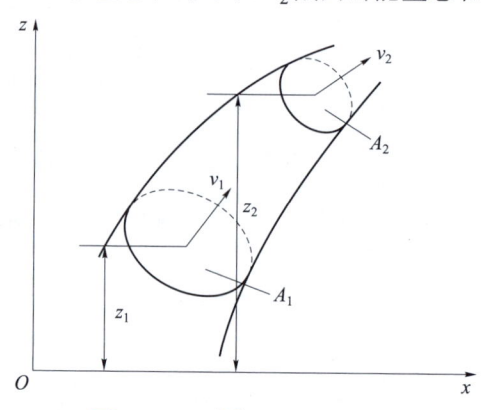

图 1.2.10　伯努利方程示意图

$$p_1+\rho g z_1+\frac{1}{2}\rho v_1^2=p_2+\rho g z_2+\frac{1}{2}\rho v_2^2 \tag{1.2.14}$$

或

$$\frac{p_1}{\rho g}+z_1+\frac{1}{2g}v_1^2=\frac{p_2}{\rho g}+z_2+\frac{1}{2g}v_2^2=常数 \tag{1.2.15}$$

式（1.2.15）中各项分别表示单位质量液体所具有的压力能、位能和动能。因此伯努利方程的物理意义是：在密闭的管道内恒定流动的理想液体具有三种形式的能量，即压力能、动能和位能。在液体流动过程中，三种形式的能量可以相互转化，但各个通流截面上三种能量之和恒为定值。

② 实际液体的伯努利方程。

实际液体不仅具有黏性，而且是可压缩的，其在管道内流动时会产生内摩擦力，消耗能量。同时管道局部形状和尺寸的突然变化，也会扰动液流，消耗能量。因此，实际液体流动时有能量损失存在。另外，在推导理想液体伯努利方程时，认为任取微小流束通流截面的速度相等，而实际液体的黏性使流束在通流截面上各点的真实流速是不相等的。因此，用平均流速计算动能时，必然会产生误差。为了修正这个误差，需引入动能修正系数 α。

因此，实际液体的伯努利方程为

$$\frac{p_1}{\rho g}+z_1+\frac{\alpha_1}{2g}v_1^2=\frac{p_2}{\rho g}+z_2+\frac{\alpha_2}{2g}v_2^2+h_w \tag{1.2.16}$$

式中，h_w 为单位重力液体从截面 A_1 到截面 A_2 过程中的能量损失；α_1、α_2 为动能修正系数，当湍流时 $\alpha=1$，当层流时 $\alpha=2$。

（3）动量方程。

动量方程是动量定理在流体力学中的具体应用。流动液体的动量方程是流体力学的基本方程之一，它是研究液体运动时作用在液体上的外力与其动量的变化之间的关系。

动量定理指出，作用在物体上的外力等于物体在单位时间内的动量变化量，即

$$\Sigma F=\frac{mv_2}{\Delta t}-\frac{mv_1}{\Delta t} \tag{1.2.17}$$

恒定流动的液体，将 $m=\rho q\Delta t$ 代入上式，并考虑以平均流速代替实际流速会产生误差，引入动量修正系数 β，则动量方程为

$$\boldsymbol{\Sigma F}=\rho q(\beta_2 \boldsymbol{v}_2-\beta_1 \boldsymbol{v}_1) \tag{1.2.18}$$

式中，$\boldsymbol{\Sigma F}$ 为作用在液体上所有外力的矢量和；$\boldsymbol{v}_1$、$\boldsymbol{v}_2$ 分别为液流在前、后平均流速矢量；β_1、β_2 分别为动量修正系数，湍流时 $\beta=1$，层流时 $\beta=1.33$。

3）液压流动中的压力损失

实际黏性液体在流动时存在阻力，为了克服阻力就要消耗一部分能量，这样就有能量损失。在液压传动中，能量损失主要表现为压力损失。液压系统中的压力损失分为两类，一类是油液沿等直径直管流动时所产生的压力损失，称之为沿程压力损失，这类压力损失是由液体流动时的内、外摩擦力所引起的；另一类是油液流经局部障碍（如弯头、接头、管道截面突然扩大或收缩）时，由于液流的方向和速度的突然变化，在局部形成旋涡引起的油液质点间，以及质点与固体壁面间相互碰撞和剧烈摩擦而产生的压力损失，称之为局部压力损失。

(1) 沿程压力损失。
① 层流时，圆管沿程压力损失。

$$\Delta p_\lambda = \lambda \frac{l}{d} \frac{\rho v^2}{2} \qquad (1.2.19)$$

式中，λ 为沿程阻力系数，对金属管，$\lambda = \frac{75}{Re}$，对橡胶管，$\lambda = \frac{80}{Re}$。

② 湍流时，圆管沿程压力损失。

湍流是一种很复杂的流动，其沿程压力损失计算时，λ 系数一般由实验得出，也可通过查阅相关液压手册获得。

(2) 局部压力损失。

$$\Delta p_\zeta = \zeta \frac{\rho v^2}{2} \qquad (1.2.20)$$

式中，ζ 为局部阻力系数，一般由实验确定，也可通过查阅相关液压手册获得。

(3) 总压力损失。

管路系统的总压力损失等于所有沿程压力损失和所有局部压力损失之和，即

$$\Delta p_w = \Sigma \Delta p_\lambda + \Sigma \Delta p_\zeta = \Sigma \left(\lambda \frac{l}{d} \frac{\rho v^2}{2} \right) + \Sigma \left(\zeta \frac{\rho v^2}{2} \right) \qquad (1.2.21)$$

造成压力损失增加的因素如图 1.2.11 所示。

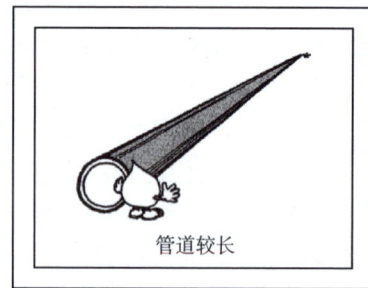

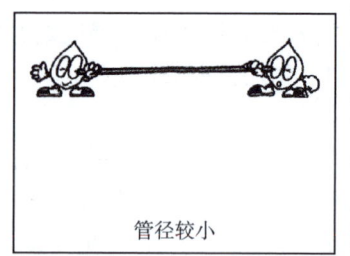

图 1.2.11 造成压力损失增加的因素

【任务实施】

步骤一：认识液压系统的静压力特性（知原理）

(1) 静压力的特性是什么？

（2）压力有哪几种表示方法？液压系统中使用的压力表是指哪种压力？

步骤二：分析千斤顶搬动高楼的原因（解问题）

（1）静压力的传递原理是什么？说一说它的应用。

（2）如图 1.2.12 所示，重物为 5 000 kg，大活塞 D 面积为 80 cm^2，小活塞 d 面积为 10 cm^2，计算在小活塞上所加的力 F 有多大时才能使大活塞顶起重物？

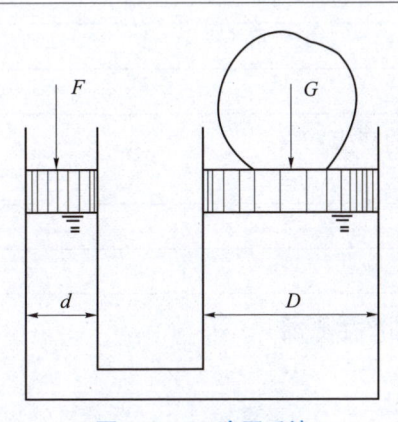

图 1.2.12　液压系统

（3）如何理解"压力取决于负载"这句话的含义？

【任务总结】

请扫码完成本次工作的任务评价表。

任务评价表

【知识拓展】

请扫码查看完成拓展任务的知识锦囊。

液压冲击和气穴现象

【拓展任务实施】

步骤一：说出液压冲击的解决办法

（1）液压冲击现象常见于液压系统的哪些位置？

_____
_____

（2）如何避免液压冲击的产生？

_____
_____
_____

步骤二：说出空穴现象的产生原因

（1）什么是空穴现象？

_____
_____

（2）如何避免空穴现象？

_____
_____
_____

【拓展任务总结】

请扫码完成本次工作的任务评价表。

任务评价表

【博闻强识】

请扫码观看上海音乐厅如何实现搬迁。

上海音乐厅如何实现搬迁？

工作任务二　液压泵的选用和故障排除

任务目标

1. 能够正确分析液压泵的工作原理；
2. 能够识别和绘制不同类型液压泵的图形符号；
3. 能够正确选用液压泵；
4. 能够分析液压泵的常见故障；
5. 能够根据液压泵的故障现象找到故障排除方法；
6. 能够增强安全操作意识，做到安全操作；
7. 能够以问题为导向，团队协作，解决问题。

任务简介

1. 本任务通过神舟十二号载人飞船成功发射的实际案例，使学生掌握液压泵的工作原理、特点、分类以及性能参数，逐步提升综合技能，为后续的学习奠定良好的基础。
2. 液压泵的选用和故障排除任务学习地图。

液压泵的选用和故障排除
- 1.液压泵基本认知
- 2.液压泵的选用
- 3.液压泵的故障排除

子任务一　液压泵基本认知

【任务导读】

北京时间 2021 年 6 月 17 日 9 时 22 分，搭载神舟十二号载人飞船的长征二号 F 遥十二运载火箭，在酒泉卫星发射中心点火发射，如图 2.1.0 所示。此后，神舟十二号载人飞船与火箭成功分离，进入预定轨道，顺利将聂海胜、刘伯明、汤洪波 3 名航天员送入太空。飞行乘组状态良好，发射取得圆满成功。

图 2.1.0　长征二号 F 遥十二运载火箭

搭载神舟十二号载人飞船的长征二号 F 遥十二运载火箭控制伺服舵机的液压泵，来自位于贵阳市乌当区的航空工业力源液压股份有限公司。这枚液压泵的质量不到 1.2 kg，外形尺寸仅有 142 mm×96 mm×70 mm。在海、陆、空武器装备配套上，液压泵一直是主要的"源动力"。那么你知道液压泵是如何为系统提供动力的吗？

【任务目标】

【知识目标】

1. 掌握容积式液压泵的工作原理；
2. 掌握液压泵的性能参数。

【能力目标】

能根据容积式液压泵的工作原理分析其基本特点。

【素质目标】

1. 增强民族自豪感；
2. 能够相互沟通与协作，学会举一反三、分析问题并解决问题；
3. 具有探究本质的能力。

【任务资讯】

液压系统的动力元件——液压泵，是系统不可缺少的核心元件，它将原动机（电动机或内燃机）输入的机械能转换为工作介质的液压能输出，为液压系统提供足够流量的压力油，是一种能量转换装置，如图 2.1.1 所示。与心脏对人体的作用类似，液压泵则是液压系统的心脏。

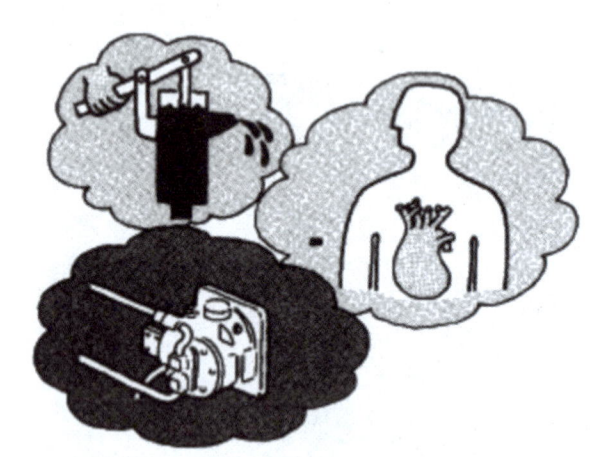

单柱塞液压泵原理图

图 2.1.1　液压泵

一、液压泵的基础知识

1. 液压泵的工作原理

液压泵是依靠密封容积变化的原理来进行工作的，故一般称为容积式液压泵，图 2.1.2 所示为单柱塞液压泵的工作原理图，图中柱塞 2 装在泵体 3 中形成一个密封容积 a，柱塞在弹簧 4 的作用下始终压紧在偏心轮 1 上。原动机驱动偏心轮 1 旋转使柱塞 2 做往复运动，使密封容积 a 的大小发生周期性的交替变化。当 a 由小变大时就形成部分真空，使油箱中油液在大气压作用下，经吸油管顶开单向阀 6 进入密封容积 a 而实现吸油；反之，当 a 由大变小时，a 腔中吸满的油液将顶开单向阀 5 流入系统而实现压油。这样液压泵就将原动机输入的机械能转换成液体的压力能，原动机驱动偏心轮不断旋转，液压泵就不断地吸油和压油。

2. 液压泵的特点

单柱塞液压泵具有一切容积式液压泵的基本特点：

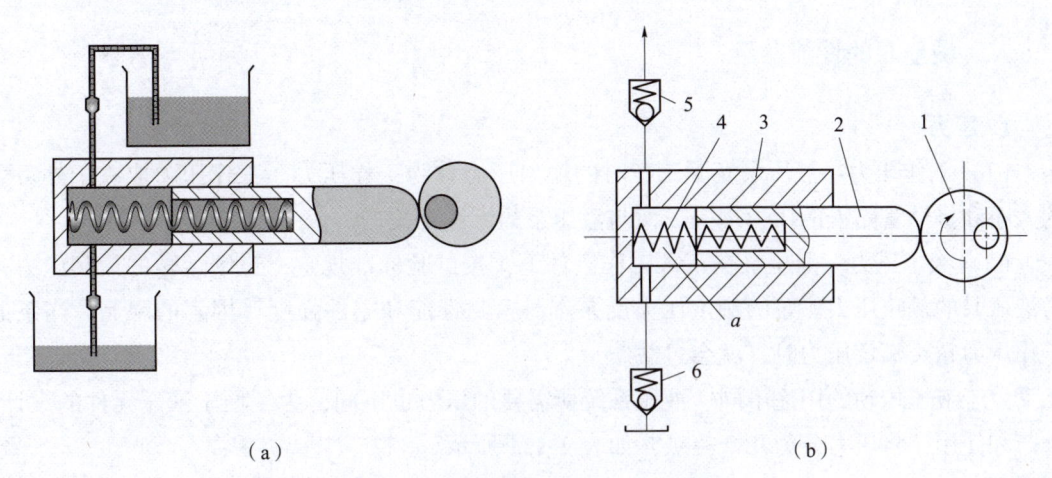

图 2.1.2 单柱塞液压泵的工作原理图

1—偏心轮；2—柱塞；3—泵体；4—弹簧；5，6—单向阀；a—密封容积

（1）具有若干个周期性变化的密封容积，密封容积由小到大时吸油，由大到小时压油。液压泵输出油液的多少只取决于此密封容积的变化量及其变化频率。

（2）具有相应的配流机构，将吸油腔与排油腔隔开。它保证密封容积由小变大时只与吸油管连通，密封容积由大变小时只与压油管连通。

（3）油箱内液体的压力必须等于或大于大气压力，这是容积式液压泵能够吸入油液的必要外部条件。为保证液压泵正常吸油，油箱必须与大气相通，或采用密闭的冲压油箱。

3. 液压泵的分类及职能符号

液压泵的种类很多，其分类方法如下：

（1）按结构不同其可分为齿轮泵、叶片泵、柱塞泵、螺杆泵等。

（2）按输出流量能否调节其可分为定量泵和变量泵。定量泵是指泵的输出流量是不能调节的，变量泵是指泵的输出流量是可以调节的。

（3）按输油方向能否改变其可分为单向泵和双向泵。单向泵是指泵的输出油液方向是不能变化的，双向泵是指泵的输出油液方向是可以变化的。

（4）按额定压力的高低其可分为低压泵、中压泵、高压泵等。

液压泵的职能符号如图 2.1.3 所示。

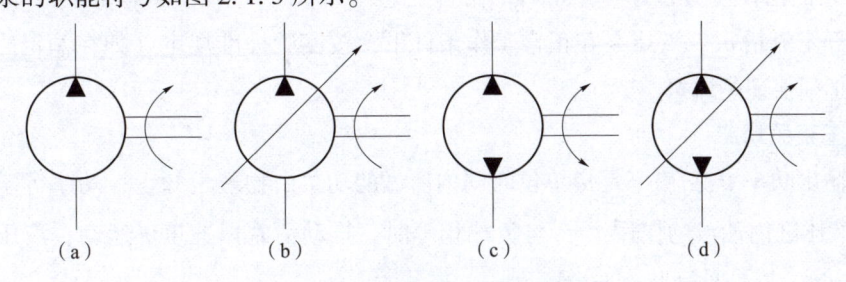

图 2.1.3 液压泵的职能符号

（a）单向定量泵；（b）单向变量泵；（c）双向定量泵；（d）双向变量泵

二、液压泵的性能参数

1. 压力

（1）工作压力：液压泵实际工作时的输出压力称为工作压力。工作压力取决于外负载的大小和排油管路上的压力损失，而与液压泵的流量无关。

（2）额定压力：液压泵在正常工作条件下，按试验标准规定，连续运转的最高压力称为液压泵的额定压力。泵的额定压力受泵本身密封性能和零件强度等因素的限制，当泵的工作压力超过额定压力时，就会过载。

由于液压传动的用途不同，液压系统所需要的压力也不同，为了便于液压元件的设计、生产和使用，将压力分为几个等级，如表 2.1.1 所示。

表 2.1.1 压力等级

压力等级	低压	中压	中高压	高压	超高压
压力/MPa	≤2.5	>2.5~8	>8~16	>16~32	>32

（3）最高允许压力：在超过额定压力的条件下，根据试验标准规定，允许液压泵短暂运行的最高压力值，称为液压泵的最高允许压力，超过此压力，泵的泄漏会迅速增加。

2. 排量和流量

（1）排量：在不考虑泄漏的情况下，液压泵轴每转一周所排出的液体的体积称为液压泵的排量。排量可以调节的液压泵称为变量泵；排量不可以调节的液压泵称为定量泵。

（2）理论流量 q_t：在不考虑液压泵泄漏的条件下，在单位时间内所排出的液体体积称为理论流量。如果液压泵的排量为 V，主轴转速为 n，则该液压泵理论流量的计算公式为

$$q_t = Vn \qquad (2.1.1)$$

（3）实际流量 q：在某一具体工况下，液压泵单位时间内所排出的液体的实际体积称为实际流量，它等于理论流量 q_t 减去泄漏流量 Δq，即

$$q = q_t - \Delta q \qquad (2.1.2)$$

Δq 与泵的工作压力 p 有关，$\Delta q = kp$。

（4）额定流量 q_n：液压泵在正常工作条件下，按实验标准规定（如在额定压力和额定转速下）必须保证的流量。

3. 液压泵的功率

（1）输出功率 P_o：功率是指单位时间内所做的功。由物理学知识，功率等于力和速度之积。当液压缸内油液的作用力 F 与负载相等时，推动活塞以速度 v 运动，液压缸输出的功率为 $P=Fv$，又知 $F=pA$，$v=q/A$，则

$$P_o = Fv = pAq/A = pq \qquad (2.1.3)$$

式中，p 为缸内液体的压力；q 为输入液压缸的油液流量；A 为活塞的有效面积。

式（2.1.3）表明，在液压传动系统中，液体所具有的功率，即液压功率等于压力和流量的乘积。

（2）输入功率 P_i：液压泵的输入功率为泵轴的驱动功率，其值为

$$P_i = 2\pi n T_i \tag{2.1.4}$$

式中，T_i 为液压泵的输入转矩；n 为泵轴的转速。

液压泵在工作中，由于有泄漏和机械摩擦造成能量损失，固其输出功率 P_o 小于输入功率 P_i。

4. 液压泵的效率

（1）容积效率 η_v。液压泵的实际流量与理论流量之比，用以衡量液压泵或液压马达的泄漏大小。

$$\eta_v = \frac{q}{q_t} = \frac{q_t - \Delta q}{q_t} = 1 - \frac{\Delta q}{q_t} \tag{2.1.5}$$

液压泵的容积效率随着液压泵工作压力的增大而减小，且随液压泵的结构类型不同而异，但恒小于 1。

（2）机械效率。机械损失是指液压泵在转矩上的损失。液压泵在工作时存在机械摩擦，因此驱动泵所需的实际输入转矩 T_i 必然大于理论转矩 T_t。理论转矩与实际转矩的比值称为机械效率，用 η_m 表示。

$$\eta_m = \frac{T_t}{T_i} \tag{2.1.6}$$

因泵的理论功率表达式为

$$P_t = pq_t = pVn = 2\pi n T_t \tag{2.1.7}$$

则有

$$T_t = \frac{pV}{2\pi} \tag{2.1.8}$$

将式（2.1.8）代入机械效率的计算公式得

$$\eta_m = \frac{pV}{2\pi T_i} \tag{2.1.9}$$

（3）总效率。泵的输出功率与输入功率的比值称为总效率，以 η 表示。

$$\eta = \frac{P_o}{P_i} = \frac{pq}{2\pi n T_i} = \frac{q}{Vn} \cdot \frac{pV}{2\pi T_i} = \eta_v \eta_m \tag{2.1.10}$$

由此可以看出，液压泵的总效率等于容积效率和机械效率的乘积。

【任务实施】

步骤一：识别不同类型液压泵的图形符号（辨符号）

请写出图 2.1.4 所示图形符号的名称。

(a)　　　　　(b)　　　　　(c)　　　　　(d)

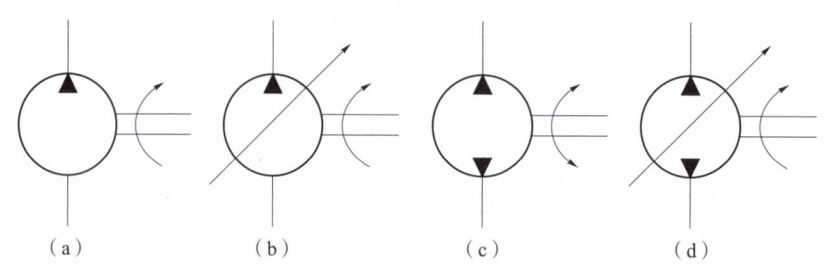

图 2.1.4　图形符号

(a) _____ ; (b) _____ ; (c) _____ ; (d) _____

步骤二：识别实物（识实物）

请写出图 2.1.5 所示液压泵的名称。

图 2.1.5　_____

步骤三：掌握液压泵的工作原理（懂原理）

（1）请写出图 2.1.6 所示液压泵各部分名称。

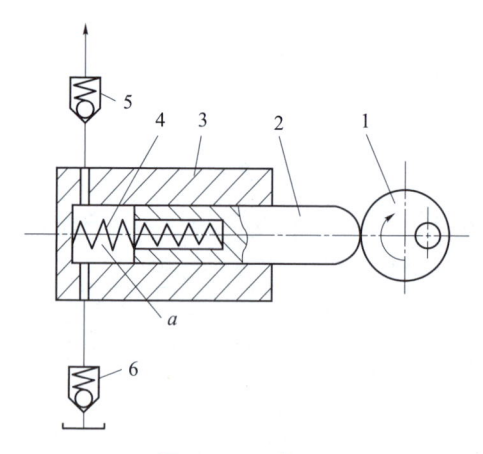

图 2.1.6　液压泵

1: _____ ; 2: _____ ; 3: _____ ; 4: _____ ; 5: _____ ; 6: _____ ; a: _____

（2）液压系统中所用的各种液压泵，其工作原理都是依靠_____变化来实现吸油和压油的，所以称为_____。

【任务总结】

请扫码完成本次工作的任务评价表。

任务评价表

【博闻强识】

请扫码观看神舟十二号载人飞船发射视频。

神舟十二号载人飞船发射视频

子任务二　液压泵的选用

【任务导读】

液压泵（图2.2.0）是液压系统的核心，而高压柱塞泵是高端液压系统的核心部件，素有"中国之心"的称号。据了解，太重集团榆次液压工业有限公司（简称太重榆液）研制的"中国心"创造了高端液压柱塞泵耐久性试验的新纪录，这项纪录的诞生，标志着太重榆液研制的高端液压柱塞泵产品性能优良，已经达到国际水平。

图2.2.0　液压泵

太重榆液以振兴民族企业为己任，大力推进自主创新，引进国际性的领先人才和先进的技术，不断完善技术先进性、工作可靠性等，建立了务实有效的研究机制，在材料钻研上取得了重大的突破。

一直以来，我国不断地发展技术工业。太重榆液"中国心"在关键制造技术上取得了实质性突破，打破了国外的长期技术封锁，在多个领域实现国产化应用。未来，国家还会大力支持不断创新，继续装备更多的"中国之心"。那么你了解不同场合下该如何选择液压泵吗？

【任务目标】

【知识目标】
1. 掌握齿轮泵的工作原理和结构特点；
2. 掌握叶片泵的工作原理和结构特点；
3. 掌握柱塞泵的工作原理和结构特点。

【能力目标】
能根据不同场合选择合适的液压泵。

【素质目标】
1. 能够相互沟通与协作、学会举一反三、分析问题并解决问题；
2. 具有8S管理意识。

【任务资讯】

液压泵是液压系统中的动力元件。选用满足执行元件做功要求的泵，需充分考虑可靠性、使用寿命、维修性等因素，以便所选的泵能在系统中长期可靠地运行。

一、认识齿轮泵

齿轮泵是液压系统中广泛采用的一种液压泵，它一般做成定量泵。按结构不同，齿轮泵分为外啮合齿轮泵和内啮合齿轮泵两种，其中外啮合齿轮泵应用最广。

齿轮泵　　　　外啮合齿轮泵结构图

1. 外啮合齿轮泵

1) 外啮合齿轮泵的结构组成

外啮合齿轮泵的结构组成如图2.2.1所示。

2) 外啮合齿轮泵的工作原理

外啮合齿轮泵一般采用一对齿数相同的渐开线直齿圆柱齿轮啮合，其工作原理如图2.2.2所示。齿轮泵的壳体、端盖和齿轮的各个齿间槽组成了许多密封工作腔。当齿轮按图2.2.2所示方向旋转时，右腔由于相互啮合的轮齿逐渐脱开，密封工作腔容

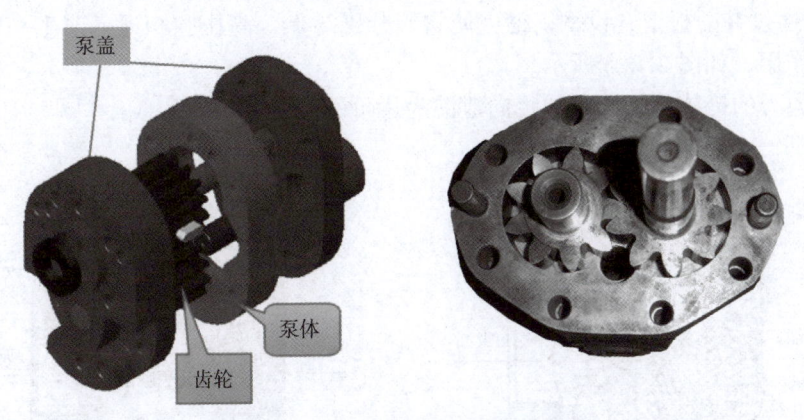

图 2.2.1　外啮合齿轮泵的结构组成

积逐渐增大,形成部分真空,油箱中的油液即被吸入吸油腔,并将齿间槽充满,完成吸油。随着齿轮的旋转,齿间槽的油液被带到左腔,由于左腔轮齿逐渐进入啮合,密封工作腔容积不断减小,油液即从压油腔中被挤出,输送到工作管路当中,完成压油。两轮齿的啮合线将吸油腔和压油腔严格分开,起到了配流的作用,故齿轮泵没有专门的配流装置。

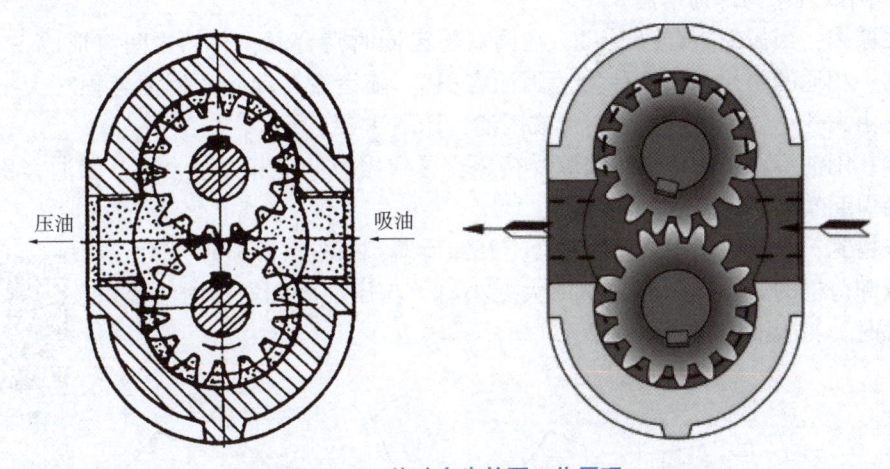

图 2.2.2　外啮合齿轮泵工作原理

3）外啮合齿轮泵的结构要点

（1）径向力不平衡。

产生原因：在齿轮泵中,液体作用在齿轮外圆上的压力是不相等的,从低压腔到高压腔,压力沿齿轮旋转方向逐渐上升,因此齿轮受到径向不平衡力的作用。工作压力越高,径向不平衡力就越大,如图 2.2.3 所示。

影响：径向不平衡力过大时能使泵轴弯曲,齿顶与泵体接触,产生摩擦,同时也加速轴承的磨损。这是影响齿轮泵寿命的主要原因。

解决措施：

① 最简单的办法就是缩小压油口,使压油腔的液压油仅作用在 1~2 个齿的范围内,如图 2.2.3 所示。

齿轮泵开压力平衡槽

② 也可通过在盖板上开设平衡槽，使它们分别与低、高压腔相通，产生一个与液压径向力平衡的作用，如图 2.2.4 所示。

平衡径向力的措施都是以增加径向泄漏为代价的。

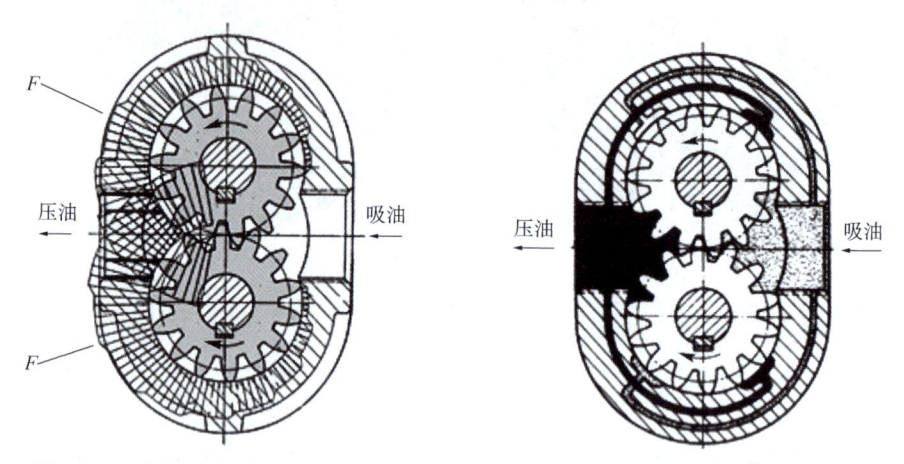

图 2.2.3　齿轮泵中的径向压力分布

图 2.2.4　齿轮泵径向力平衡槽

（2）困油现象与卸荷措施。

产生原因：当齿轮重合度 $\varepsilon>1$，在两对轮齿同时啮合时，它们之间将形成一个与吸、压油腔均不相通的闭死容积，称为"困油容积"。随齿轮转动此"困油容积"大小将发生变化，先由大变小，后由小变大，形成困油，如图 2.2.5 所示。

影响：困油容积由大变小时油液受挤压，导致压力冲击和油液发热，困油容积由小变大时，会引起气蚀和噪声。

解决措施：在前后盖板或浮动轴套上开卸荷槽，如图 2.2.5 所示。

开设卸荷槽的原则：困油容积由大变小时，与压油腔相通；困油容积由小变大时，与吸油腔相通。

困油现象

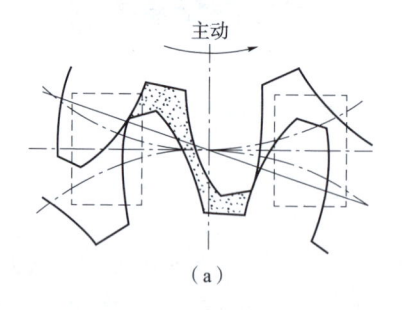

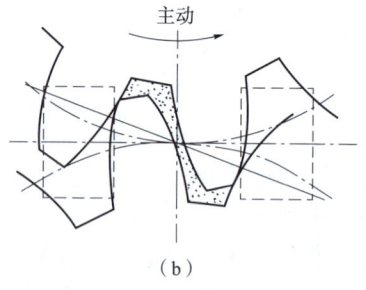

图 2.2.5　齿轮泵的困油现象与卸荷槽
（a）困油现象；（b）开卸荷槽

（3）端面泄漏及端面间隙的自动补偿。

产生原因：齿轮泵存在三个可能产生泄漏的部位，一是齿轮齿面啮合处的间隙；二是泵体内孔和齿顶圆间的径向间隙；三是齿轮两端面和端盖间的端面间隙。在三类间隙中，以端面间隙的泄漏量最大，占总泄漏量的 75%~80%，径向间隙占 15%，啮合处间隙占 5%。

影响：泵的压力越高，间隙就越大，造成的泄漏就越大。因此一般齿轮泵只适用于低压系统。

解决措施：采用端面间隙自动补偿装置，如浮动轴套式、弹性侧板式自动补偿。其原理都是引入压力油液使轴套或侧板紧贴齿轮端面，压力越高，贴得越紧，因而自动补偿端面磨损和减小间隙，如图 2.2.6 所示。

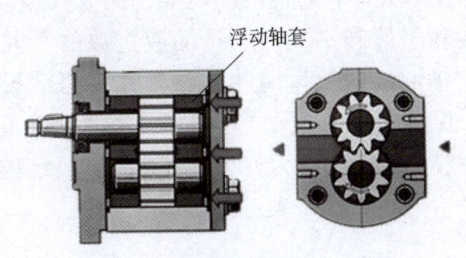

图 2.2.6 浮动轴套式自动补偿

外啮合齿轮泵的特点

优点：结构简单、制造方便、成本低、价格低廉、体积小、重量轻、自吸性能好、对油液污染不敏感和工作可靠等；

缺点：流量和压力脉动大、噪声大、排量不可调节。

2. 内啮合齿轮泵

内啮合齿轮泵有渐开线齿轮泵和摆线齿轮泵（又称摆线转子泵）两种，其工作原理如图 2.2.7 所示。

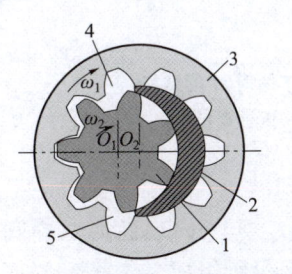

图 2.2.7 内啮合齿轮泵的工作原理

1—小齿轮；2—月牙形隔板；3—内齿环；4—吸油腔；5—压油腔

内啮合齿轮泵工作原理

渐开线齿轮泵中，小齿轮和内齿环之间有一个月牙形隔板，以便把吸油腔和压油腔隔开。当小齿轮带动内齿环绕各自的中心同向旋转时，上半部轮齿退出啮合，形成真空，进行吸油；进入齿槽的油液被带到压油腔，下半部轮齿进入啮合，容积减小，从压油口排油。

摆线齿轮泵是由配油盘（前、后盖）、外转子（从动轮）和偏心安置在泵体内的内转子（主动轮）等组成的。内、外转子相差一齿，由于内外转子是多齿啮合，这就形成了若干密封容积。当内转子围绕其中心旋转时，带动外转子绕外转子中心做同向旋转。这时，由内转子齿顶和外转子齿谷间形成的密封容积，就会随着内外转子的啮合旋转而发生变化，从而进行吸油和压油。

二、认识叶片泵

叶片泵的结构较齿轮泵复杂，但其工作压力较高，且流量脉动小、工作平稳、噪声较小、寿命较长。所以它被广泛应用于机械制造中的专用机床、自动生产线等中低液压系统中，但其结构复杂，吸油特性不太好，对油液的污染也比较敏感。

根据各密封工作容积在转子旋转一周吸、排油液次数的不同，叶片泵分为两类，即完成一次吸、排油液的单作用叶片泵和完成两次吸、排油液的双作用叶片泵。单作用叶片泵多为变量泵，工作压力最大为 7.0 MPa；双作用叶片泵均为定量泵，一般最大工作压力亦为 7.0 MPa，经结构改进的高压叶片泵最大的工作压力可达 16.0~21.0 MPa。

叶片泵结构

1. 双作用叶片泵

1）双作用叶片泵的结构

组成：泵体、定子、转子、叶片、左（右）配油盘、传动轴，如图 2.2.8 所示。

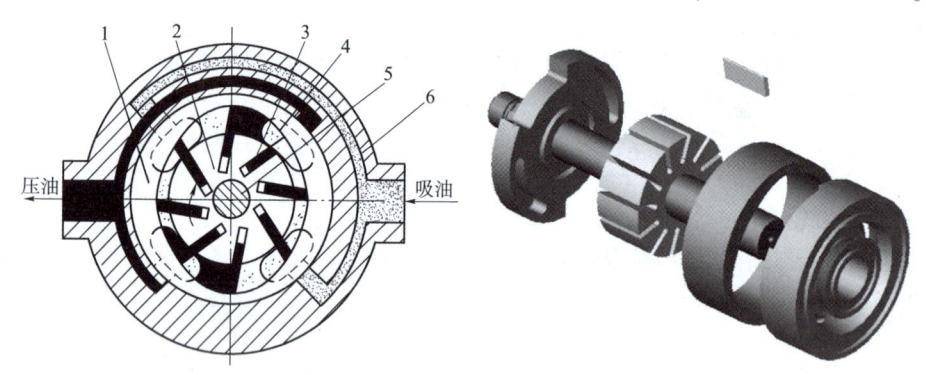

图 2.2.8 双作用叶片泵结构
1—定子；2—转子；3—叶片；4—配油窗口；5—传动轴；6—泵体

2）双作用叶片泵的工作原理

双作用叶片泵的工作原理如图 2.2.9 所示，定子内表面形似椭圆，由两段半径为 R 的大圆弧、两段半径为 r 的小圆弧和四段过渡曲线所组成。定子和转子的中心重合，在转子上沿圆周均布的若干个槽内安放叶片，这些叶片可沿槽做径向滑动，在配油盘上，对应于定子四段过渡曲线的位置开有四个腰形配流窗口，其中，两个窗口与泵的吸油口连通，为吸油窗口，另两个窗口与压油口连通，为压油窗口。当转子由轴带动旋转时，叶片在自身离心力和由压油腔引至叶片根部的高压油液作用下紧贴定子内表面，并在转子槽内往复滑动。当叶片由定子小半径 r 处向定子大半径 R 处运动时，相邻两叶片间的密封腔容积就逐渐增大，形成局部真空而经过吸油窗口吸油；当叶片由定子大半径 R 处向定子小半径 r 处运动时，相邻两叶片间的密封容积就逐渐减小，便通过压油窗口压油。转子

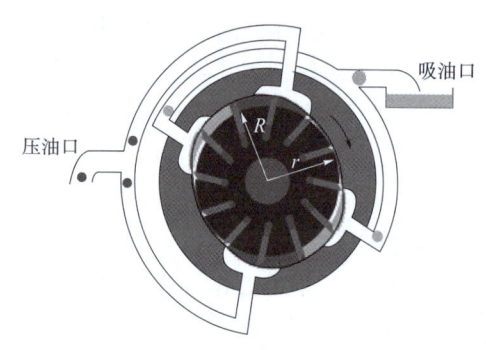

图 2.2.9 双作用叶片泵的工作原理

每转一周，每一叶片往复滑动两次，因而吸、压油作用发生两次，故这种泵称为双作用叶片泵。又因吸、压油口对称分布，作用在转子和轴承上的径向液压力相平衡，所以这种泵又称为平衡式叶片泵。

3) 双作用叶片泵的结构特点

（1）定子过渡曲线。双作用叶片泵定子内表面的曲线是由四段圆弧和四段过渡曲线组成的。理想的过渡曲线不仅能使叶片在槽中滑动时的径向速度和加速度变化均匀，而且应使叶片转到过渡曲线和圆弧交接点处的加速度突变不大，以减小冲击和噪声。因此，目前双作用叶片泵一般都使用综合性能较好的等加速-等减速曲线作为过渡曲线。

（2）径向作用力平衡。由于双作用叶片泵吸、压油口在结构上是径向对称的，所以作用于转子上的径向液压力平衡，因此双作用叶片泵又称为卸荷式叶片泵或平衡式叶片泵。这样作用于轴和轴承上的力较小，有利于提高泵的工作压力。但是，尽管在压油区作用在叶片底部和顶部的液压力相互平衡，可保证叶片靠离心力与定子内表面保持接触，但是在吸油区，叶片在底部液压力和离心力的共同作用下压向定子内表面，产生较大的接触力，加速这部分内表面的磨损，所以这种泵压力又不能过高。

（3）叶片倾角。双作用叶片泵叶片前倾一个角度，其目的是减小压力角，减小叶片与槽之间的摩擦，以便叶片在槽中顺利滑动。当叶片以前倾角安装时，叶片泵不允许反转。

2. 单作用叶片泵

单作用叶片泵的工作原理如图 2.2.10 所示。单作用叶片泵由转子、定子、叶片、端盖等组成。定子具有圆形内表面，定子和转子之间有一定的偏心距 e。叶片装在转子槽中，并可在槽内滑动。当转子旋转时，由于离心力的作用，叶片紧靠在定子内壁，这样在定子、转子、叶片和两侧配油盘间就形成若干个密封的工作空间。

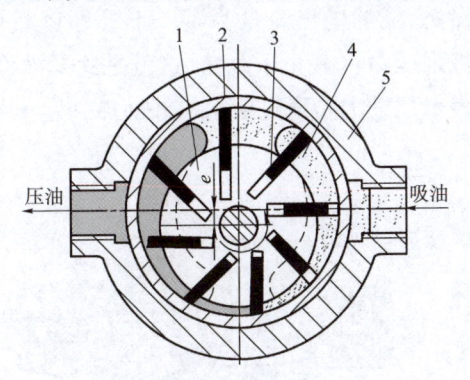

图 2.2.10　单作用叶片泵
1—转子；2—定子；3—叶片；4—配油盘；5—泵体

单作用叶片泵工作原理

转子逆时针旋转，在右侧的吸油腔叶片间的工作空间逐渐增大，油箱中的油液被吸入。在左侧的压油腔，叶片被定子内壁逐渐压进槽内，工作空间逐渐缩小，油液从压油口压出。在吸油腔和压油腔之间，有一段封油区，把吸油腔和压油腔隔开。这种叶片泵转子每转一周，每个工作空间完成一次吸油和压油过程，因此称为单作用叶片泵。

单作用叶片泵改变定子和转子之间的偏心距 e 便可改变流量。偏心反向时，吸油压油方向也相反。但由于转子受有不平衡的径向液压作用力，所以一般不宜用于高压系统，并且泵本身结构比较复杂、泄漏量大、流量脉动较严重，致使执行元件的运动速度不够平稳。

> **想一想**
> 单作用叶片泵和双作用叶片泵主要有哪些不同？

3. 限压式变量叶片泵

1) 限压式变量叶片泵的工作原理

限压式变量叶片泵是一种自动调节式变量泵，它能根据外负载的大小自动调节泵的排量。限压式变量叶片泵的流量改变是利用压力的反馈作用实现的，按照控制方式分内反馈和外反馈两种形式，下面主要介绍外反馈限压式变量叶片泵。

图 2.2.11 所示为外反馈限压式变量叶片泵的工作原理：转子 3 的中心 O_1 是固定不变的，定子 2（其中心 O_2）可以水平左右移动，它在限压弹簧 1 的作用下被推向右端和反馈活塞 5 左端面接触，使定子和转子的中心保持一个初始偏心距 e_0。它决定了泵的最大流量，其大小可以通过流量调节螺钉 7 来调节。当泵的转子按逆时针旋转时，转子上部为压油区，压力油的合力把定子向上压在滑块滚针支承（图中未标注出）上。定子右边有一个反馈活塞，它的油腔与泵的压油腔相通。设反馈活塞面积为 A，作用在定子上的反馈力为 p_A，设泵的工作压力达到 p_B 时，定子所受的液压力达到弹簧力 kx_0（k 为弹簧劲度系数，x_0 为弹簧预压缩量），则有 $p_B A = kx_0$，p_B 称为泵的限定压力。当泵的工作压力 $p<p_B$ 时，有 $p_A<kx_0$，定子不动，最大偏心距 e_0 保持不变，则流量为最大流量。当泵的压力增大，$p>p_B$ 时，有 $p_A>kx_0$，反馈力克服弹簧力，把定子向左推移，偏心距减小，流量降低。当压力大到泵内偏心距所产生的流量全部用于补偿泄漏时，泵的输出流量为零，不管外负载再怎样加大，泵的输出压力不会再升高，此压力称为极限压力（截止压力），这就是此泵被称为限压式变量叶片泵的原因。至于外反馈的意义则表示反馈力是通过活塞从外面加到定子上的。

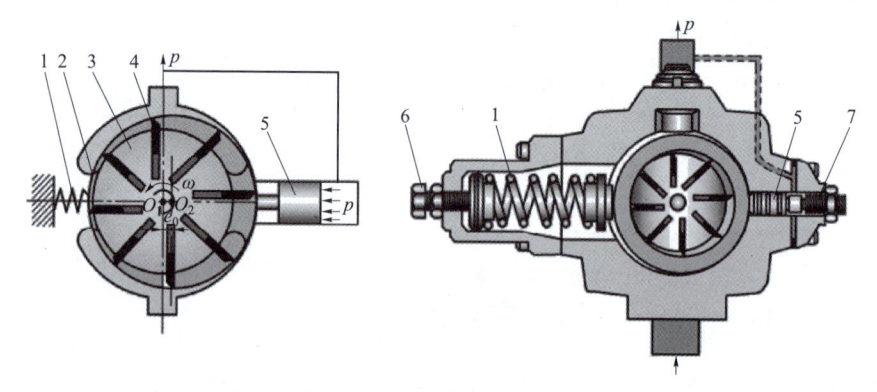

图 2.2.11 外反馈式变量叶片泵
1—限压弹簧；2—定子；3—转子；4—叶片；5—反馈活塞；6—压力调节螺钉；7—流量调节螺钉

2) 限压式变量叶片泵的特性曲线

当泵的工作压力 p 小于限定压力 p_B 时，油压的作用力还不能克服弹簧的预紧力，这时定子的偏心距不变，泵的理论流量不变，但由于供油压力增大时，泄漏量增大，实际流量减小，所以流量曲线为如图 2.2.12 所示 AB 段；当 $p=p_B$ 时，B 为特性曲线的转折点；当 $p>p_B$ 时，弹簧受压缩，定子偏心距减小，使流量降低，如图 2.2.12 曲线 BC 所示。随着泵工作压力的增大，偏心距减小，理论流量减小，泄漏量增大。当泵的压力达到 p_C，泵的理论流量全部用于补偿泄漏量时，泵实际向外输出的流量等于零，这时定子和转子间维持一个很小的偏心量，这个偏心量不会再继续减小，泵的压力也不会继续升高。所以 C 点所对应的压力 p_C 为泵的极限压力。液压系统采用这种变量泵，可以省略溢流阀工作，并可减少油液发热，从而减小油箱的尺寸，使液压系统比较紧凑。

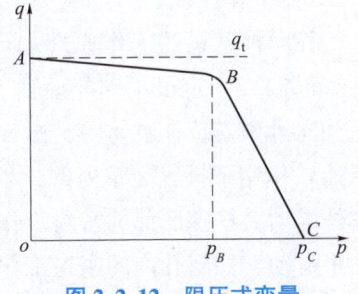

图 2.2.12 限压式变量叶片泵的特性曲线

三、认识柱塞泵

柱塞泵是靠柱塞在缸体中做往复运动造成密封容积的变化来实现吸油与压油的液压泵，与齿轮泵和叶片泵相比，这种泵有以下优点：

（1）构成密封容积的零件为圆柱形的柱塞和缸孔，加工方便，可得到较高的配合精度，密封性能好，在高压工作条件下仍有较高的容积效率。

（2）只需改变柱塞的工作行程就能改变流量，易于实现变量。

（3）柱塞泵中的主要零件均受压应力作用，材料强度性能可得到充分利用。柱塞泵由于压力高、结构紧凑、效率高、流量调节方便，故在需要高压、大流量、大功率的系统中和流量需要调节的场合，如龙门刨床、拉床、液压机、工程机械、矿山冶金机械、船舶上得到广泛的应用。

柱塞泵按柱塞的排列和运动方向不同，可分为径向柱塞泵和轴向柱塞泵两大类，如图 2.2.13 所示。

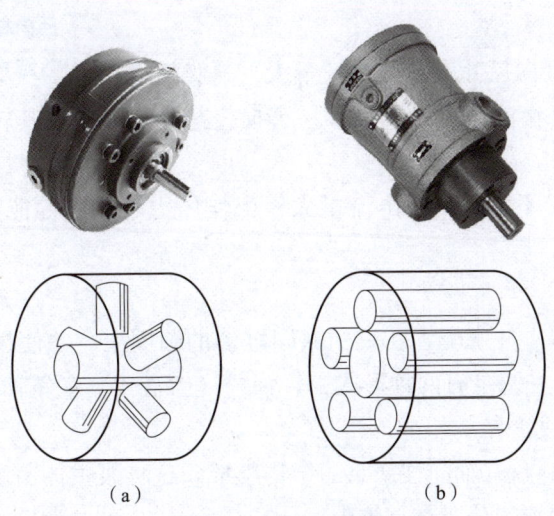

图 2.2.13 柱塞泵
(a) 径向柱塞泵；(b) 轴向柱塞泵

1. 径向柱塞泵

1) 工作原理

径向柱塞泵的工作原理如图 2.2.14 所示。它是由柱塞 1、缸体 2（又称转子）、衬套（传动轴）3、定子 4 和配油轴 5 等组成的。转子的中心与定子中心之间有一偏心距 e，柱塞径向排列安装在缸体中，缸体由原动机带动，连同柱塞一起旋转，柱塞在离心力（或低压油）作用下抵紧定子内壁，当转子连同柱塞按图 2.2.14 所示方向旋转时，右半周的柱塞往外滑动，柱塞底部的密封工作腔容积增大，于是通过配流轴轴向孔吸油；左半周的柱塞往里滑动，柱塞孔内的密封工作腔容积减小，于是通过配流轴轴向孔压油。转子每转一周，柱塞在缸孔内吸油、压油各一次。

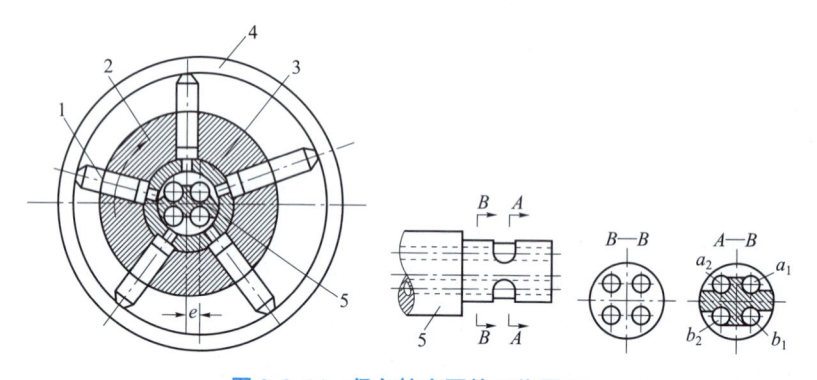

图 2.2.14 径向柱塞泵的工作原理

1—柱塞；2—缸体；3—衬套；4—定子；5—配油轴

2) 径向柱塞泵结构特点

（1）移动定子，改变偏心距 e 的大小时，泵的排量就得到改变；移动定子，改变偏心距 e 的方向时，泵的吸、压油口便互换。这种泵可实现双向变量，因此径向柱塞泵可以制成单向或双向变量泵。

径向柱塞泵结构图　径向柱塞泵工作原理

（2）径向柱塞泵径向尺寸大，转动惯量大，自吸能力差，且配流轴受到径向不平衡液压力的作用，易磨损，这些都限制了其转速与压力的提高，故应用范围较小。

（3）加工精度要求不太高，输出流量大，工作压力较高，性能稳定，耐冲击性能好，工作可靠。

2. 轴向柱塞泵

轴向柱塞泵是将多个柱塞配置在一个共同缸体的圆周上，并使柱塞中心线和缸体中心线平行的一种泵。轴向柱塞泵有两种形式，直轴式（斜盘式）和斜轴式（摆缸式）。

1) 斜盘式轴向柱塞泵结构组成

图 2.2.15 所示为斜盘式轴向柱塞泵的结构组成。这种泵主体由缸体、配油盘、柱塞和斜盘组成。柱塞沿圆周均匀分布在缸体内。

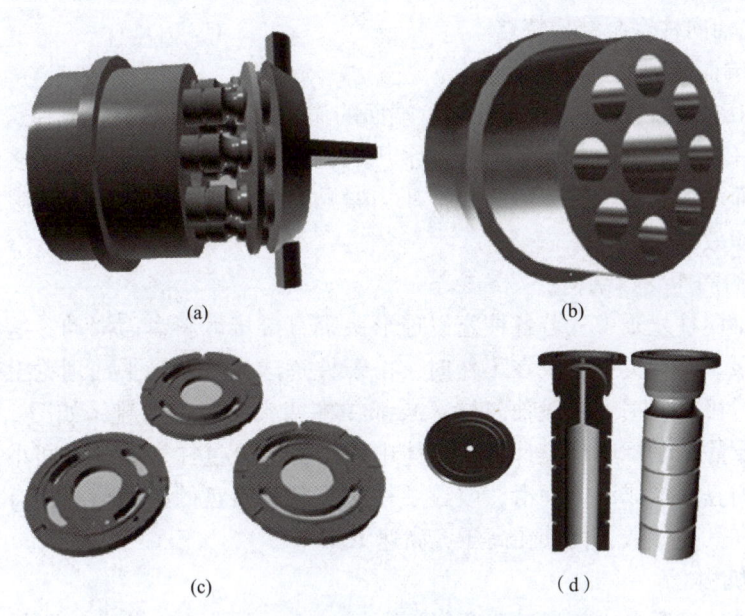

图 2.2.15　斜盘式轴向柱塞泵的结构组成

(a) 轴向柱塞泵；(b) 缸体；(c) 配油盘；(d) 柱塞滑履组

2) 斜盘式轴向柱塞泵工作原理

图 2.2.16 所示为斜盘式轴向柱塞泵的工作原理图。图中斜盘轴线与缸体轴线倾斜一角度，柱塞靠机械装置或在低压油作用下压紧在斜盘上（图中为弹簧），配油盘 2 和斜盘 4 固定不转，当原动机通过传动轴使缸体转动时，斜盘的作用迫使柱塞在缸体内做往复运动，并通过配油盘的配油窗口进行吸油和压油。如图 2.2.16 中所示回转方向，当缸体转角在 $\pi\sim2\pi$ 范围内时，柱塞向外伸出，柱塞底部缸孔的密封工作容积增大，通过配油盘的吸油窗口吸油；在 $0°\sim\pi$ 范围内时，柱塞被斜盘推入缸体，使缸孔容积减小，通过配油盘的压油窗口压油。缸体每转一周，每个柱塞各完成吸、压油一次。如改变斜盘倾角，就能改变柱塞行程的长度，即改变液压泵的排量；如改变斜盘倾角方向，就能改变吸油和压油的方向，即称为双向变量泵。

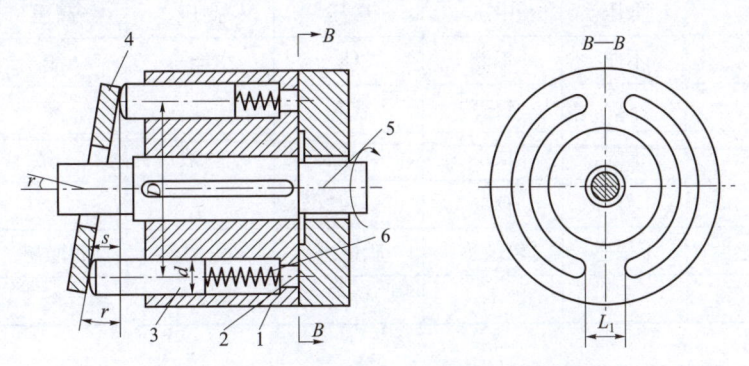

图 2.2.16　斜盘式轴向柱塞泵的工作原理

1—缸体；2—配油盘；3—柱塞；4—斜盘；5—传动轴；6—弹簧

3）斜盘式轴向柱塞泵结构特点

（1）缸体端面间隙的自动补偿。

如图2.2.16所示，使缸体紧压配油盘端面的作用力，除机械装置或弹簧作为预密封的推力外，还有柱塞孔底部台阶面上所受的液压力，此液压力比弹簧力大得多，而且随泵的工作压力增大而增大。由于缸体始终受液压力紧贴着配油盘，因此端面间隙得到了自动补偿，提高了容积效率。

（2）滑靴的静压支撑结构。

在斜盘式轴向柱塞泵中，若各柱塞以球形头部直接接触斜盘而滑动，这种泵称为点接触式轴向柱塞泵。这种类型的泵在工作时，由于柱塞球头与斜盘平面理论上为点接触，因而接触应力大，极易磨损。一般轴向柱塞泵都在柱塞头部装一滑靴，如图2.2.15（d）所示。滑靴是按照静压轴承原理设计的，缸体中的压力油经过柱塞球头中间小孔流入滑靴油室，使滑靴和斜盘间形成液体润滑，改善了柱塞头部和斜盘的接触情况，有利于提高轴向柱塞泵的压力和其他参数，使其在高压、高速下工作。

（3）变量机构。

在斜盘式轴向柱塞泵中，通过改变斜盘倾角γ的大小就可调节泵的排量。

四、液压泵的选用

液压泵是给液压系统提供一定流量和压力的油液的动力元件，它是每个液压系统不可缺少的核心元件，合理地选择液压泵对降低液压系统的能耗、提高系统的效率、降低噪声、改善工作性能和保证系统的可靠工作都十分重要。

选择液压泵的原则是：根据主机工况、功率大小和系统对工作性能的要求，首先确定液压泵的类型，然后按系统所要求的压力、流量大小确定其规格型号。表2.2.1所示为液压系统中常用液压泵的性能比较情况。

表2.2.1 液压系统中常用液压泵的性能比较

性能	外啮合齿轮泵	双作用叶片泵	限压式变量叶片泵	径向柱塞泵	轴向柱塞泵	螺杆泵
输出压力	低压	中压	中压	高压	高压	低压
流量调节	不能	不能	能	能	能	不能
效率	低	较高	较高	高	高	较高
输出流量脉动	很大	很小	一般	一般	一般	最小
自吸特性	好	较差	较差	差	差	好
对油的污染敏感性	不敏感	较敏感	较敏感	很敏感	很敏感	不敏感
噪声	大	小	较大	大	大	最小

一般来说，由于各类液压泵各自突出的特点，其结构、功用和转动方式各不相同，因此应根据不同的使用场合选择合适的液压泵。

（1）从压力上考虑，低压液压系统压力在2.5 MPa以下时宜采用齿轮泵，中压液压系统压力在 6.3 MPa 以下时宜采用叶片泵，高压液压系统压力在 10 MPa 以上时宜采用柱塞泵。

（2）从流量上考虑，首先考虑是否需要变量，其次看机械设备的特性，有快速和慢速工作行程的设备，如组合机床，可采用限压式变量叶片泵、双联叶片泵。在特殊精密设备上，如镜面磨床、注塑机等，可采用双作用叶片泵、螺杆泵。

（3）从负载特性考虑，负载小、功率小的液压设备，可用齿轮泵、双作用叶片泵。负载大、功率大的液压设备，如龙门刨床、液压机、工程机械和轧钢机械等，可采用柱塞泵。

（4）对有些平稳性、脉动性及噪声要求不高的场合，可采用中、高压齿轮泵。机械辅助装置如送料、夹紧、润滑等可采用价格低的齿轮泵。

（5）从结构复杂程度、自吸能力、抗污染能力和价格方面比较，齿轮泵最好，柱塞泵最差。

（6）从使用性能方面考虑选择优先级依次为柱塞泵、叶片泵和齿轮泵。

【任务实施】

步骤一：识别叶片泵结构组成（知结构）

请写出图 2.2.17 所示叶片泵各部分的名称。

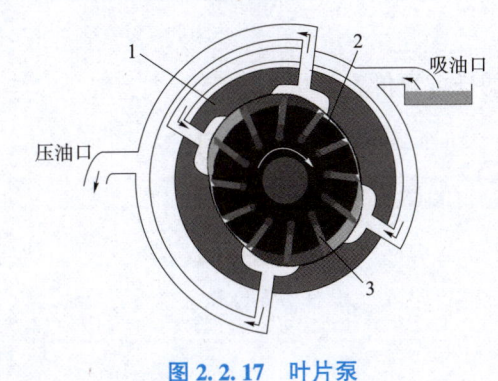

图 2.2.17 叶片泵

1：_____；2：_____；3：_____

步骤二：掌握叶片泵工作原理（绘原理）

请画出单作用叶片泵的原理示意图，并分析其工作过程。

原理图：

原理分析：

步骤三：掌握液压泵选择原则（懂应用）

（1）请写出液压泵的选择原则。

_____

_____

_____

_____

（2）一般来说，由于各类液压泵各自突出的特点，其结构、功用和转动方式各不相同，因此应根据不同的使用场合选择合适的液压泵。

① 从压力上考虑，系统压力为 2.0 MPa 以下时宜采用_____，系统压力为 6.0 MPa 时宜采用_____，系统压力为 12 MPa 时宜采用_____。

② 从负载特性考虑，负载小、功率小的液压设备，可用_____、_____。负载大、功率大的液压设备，可采用_____。

【任务总结】

请扫码完成本次工作的任务评价表。

任务评价表

【知识拓展】

请扫码查看完成拓展任务的知识锦囊。

空气压缩机

【拓展任务实施】

步骤一：识别实物（识实物）

请写出图 2.2.18 所示图片的名称。

图 2.2.18 _____

步骤二：写出空气压缩机的分类（知分类）

(1) 按照压力大小可分成_____、_____、_____。

(2) 按工作原理不同，可分为_____、_____。

(3) 按结构不同，容积型空气压缩机又可分为_____、_____。

步骤三：活塞式空气压缩机原理图绘制与分析（绘原理）

请画出两级活塞式空气压缩机工作原理图，并分析其工作过程。

工作原理图：

原理分析：
_____
_____
_____
_____
_____
_____

【拓展任务总结】

请扫码完成本次工作的任务评价表。

任务评价表

【博闻强识】

请扫码观看沈鼓集团"10万大空分"核心技术。

沈鼓集团"10万大空分"核心技术

子任务三　液压泵的故障排除

【任务导读】

　　液压驱动技术以其独特的优点,成为各领域的主要驱动技术之一,如图2.3.0所示。液压泵是液压传动系统的心脏,是液压驱动系统的动力元件。液压泵一旦出现故障,将严重影响设备的正常使用。因此,对液压泵故障的分析和对液压系统做定期维护,是目前非常重要的工作。那么你了解各种类型的液压泵主要有哪些常见的故障现象吗?

图2.3.0　液压驱动技术

【任务目标】

【知识目标】

1. 掌握齿轮泵的常见故障现象;
2. 掌握叶片泵的常见故障现象;
3. 掌握柱塞泵的常见故障现象。

【能力目标】
1. 会根据液压泵产生的故障现象分析产生的原因；
2. 能够根据液压泵产生的故障现象找到排除方法。

【素质目标】
1. 能够相互沟通与协作、学会举一反三、分析问题并解决问题；
2. 具有 8S 管理意识。

【任务资讯】

液压泵是液压系统的动力元件，当出现故障时，应能尽快地分析并判断出故障发生部位和产生原因，找出与故障相关的部件，提出排除故障的建议和方法。液压泵工作中经常出现的故障主要有流量小、不吸油、压力不足、噪声大、过热等。

一、齿轮泵的常见故障及排除

齿轮泵如图 2.3.1 所示。

图 2.3.1　齿轮泵

1. 流量不足或压力不能升高

产生的主要原因有：
（1）齿轮端面与泵盖结合面严重拉伤，使轴向间隙过大；
（2）径向不平衡力使齿轮轴变形碰擦泵体，增大径向间隙；
（3）泵盖螺钉过松；
（4）中、高压泵弓形密封圈破坏，或侧板磨损严重。

排除方法：
（1）修磨齿轮及泵盖端面，并清除齿形上毛刺；
（2）校正或更换齿轮轴；
（3）适当拧紧；
（4）更换零件。

2. 过热

产生的主要原因有：
（1）轴向间隙与径向间隙过小；

(2) 侧板和轴套与齿轮端面严重摩擦。

排除方法：

(1) 检测泵体、齿轮，重配间隙；

(2) 修理或更换侧板和轴套。

3. 噪声大

产生的主要原因有：

(1) 吸油管接头、泵体与泵盖的结合面、堵头和泵轴密封圈等处密封不良，有空气被吸入；

(2) 泵盖螺钉松动；

(3) 泵与联轴器不同心或松动；

(4) 齿轮精度太低或接触不良；

(5) 齿轮轴向间隙过小；

(6) 齿轮内孔与端面垂直度或泵盖上两孔平行度超差；

(7) 泵盖修磨后，两卸荷槽距离增大，产生困油；

(8) 滚针轴承等零件损坏；

(9) 装配不良，如主轴转一周噪声有时轻时重的现象。

排除方法：

(1) 用涂脂法查出泄漏处。用密封胶涂敷管接头并拧紧；修磨泵体与泵盖结合面，保证平面度不超过 0.005 mm；用环氧树脂黏结剂涂敷堵头配合面，并更换密封圈确保密封良好。

(2) 适当拧紧。

(3) 重新安装，使其同心，紧固连接件。

(4) 更换齿轮或研磨修整。

(5) 配磨齿轮、泵体和泵盖。

(6) 检查并修复有关零件。

(7) 修整卸荷槽，保证两槽距离。

(8) 拆检，更换损坏件。

(9) 拆检，重新调整。

二、叶片泵的常见故障及排除

叶片泵如图 2.3.2 所示。

图 2.3.2 叶片泵

1. 流量不足或压力不能升高

产生的主要原因有：

（1）个别叶片在转子槽内移动不灵活甚至卡住；

（2）叶片装反；

（3）叶片顶部与定子内表面接触不良；

（4）叶片与转子叶片槽配合间隙过大；

（5）配油盘端面磨损；

（6）限压式变量泵限定压力调得太小；

（7）限压式变量泵的调压弹簧变形或太软；

（8）变量泵的反馈缸柱塞磨损。

排除方法：

（1）检查，选配叶片或单槽研配保证间隙；

（2）重新装配；

（3）修磨定子内表面或更换叶片；

（4）选配叶片，保证配合间隙；

（5）修磨或更换；

（6）重新调整压力调节螺钉；

（7）更换合适的弹簧；

（8）更换新柱塞。

2. 噪声大

产生的主要原因有：

（1）叶片顶部倒角太小；

（2）叶片各面不垂直；

（3）定子内表面被刮伤或磨损，产生运动噪声；

（4）修磨使配油盘上三角形卸荷槽太短，不能消除困油现象；

（5）配油盘端面与内孔不垂直，旋转时刮磨转子端面而产生噪声；

（6）泵轴与原动机不同轴。

排除方法：

（1）重新倒角或修成圆角；

（2）检查，修磨；

（3）抛光，有的定子可翻转180°使用；

（4）锉修卸荷槽；

（5）修磨配油盘端面，保证其与内孔的垂直度小于 0.005~0.01 mm；

（6）调整联轴器，使同轴度小于 ϕ0.1 mm。

三、柱塞泵的常见故障及排除

柱塞泵如图 2.3.3 所示。

图 2.3.3　柱塞泵

1. 流量不足或压力不能升高

产生的主要原因有：

（1）泵轴中心弹簧折断，使柱塞回程不够或不能回程，缸体与配油盘间密封不良；

（2）配油盘与缸体间结合面不平或有污物卡住以及拉毛；

（3）柱塞与缸体孔间磨损或拉伤；

（4）变量机构失灵。

排除方法：

（1）更换中心弹簧；

（2）清洗或研磨、抛光配油盘与缸体结合面；

（3）研磨或更换有关零件，保证其配合间隙；

（4）检查变量机构，纠正其调整误差。

2. 噪声大

产生的主要原因有：

（1）变量柱塞泵因油污或污物卡住运动不灵活；

（2）变量机构偏角太小，流量过小，内泄漏增大了；

（3）柱塞头部与滑履配合松动。

排除方法：

（1）清洗或拆下重新配研、更换；

（2）加大变量机构偏角，消除内泄漏；

（3）可适当铆紧。

【任务实施】

步骤一：扫码观看叶片泵拆装视频，并动手拆装叶片泵，写出叶片泵的主要拆卸步骤

叶片泵拆装视频

请写出叶片泵的主要拆卸步骤。
_____
_____
_____

步骤二：写出叶片泵的装配步骤
_____
_____
_____

步骤三：拆装发现叶片泵流量不足，请分析可能存在的故障原因
_____
_____

【任务总结】

请扫码完成本次工作的任务评价表。

任务评价表

【博闻强识】

请扫码观看轴向柱塞泵拆装视频。

轴向柱塞泵拆装

工作任务三 液压缸的选用和故障排除

任务目标

1. 能够掌握液压缸的类型和特点；
2. 能够分析液压缸的工作原理；
3. 能够正确拆装常见液压缸；
4. 能够诊断液压缸的常见故障；
5. 能根据实际情况正确选用液压缸；
6. 能够增强安全操作意识，做到安全操作；
7. 能够以问题为导向，团队协作，解决问题。

任务简介

1. 本任务通过中国第一台龙门刨床等实际案例，学习液压缸的相关知识，掌握其工作原理、特点、分类以及性能参数。通过本任务的学习，逐步提升学生的综合技能，为后续的学习奠定良好的基础。

2. 液压缸的选用和故障排除任务学习地图。

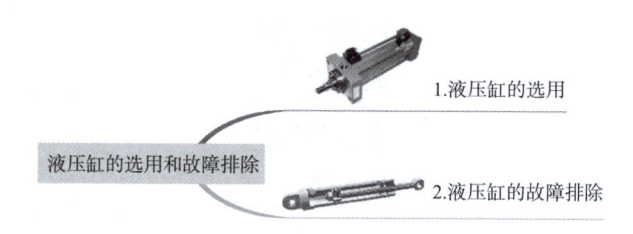

液压缸的选用和故障排除
- 1.液压缸的选用
- 2.液压缸的故障排除

子任务一　液压缸的选用

【任务导读】

在济南二机床集团车间里，有这样一台年代感十足的"钢铁猛兽"，这是中华人民共和国第一台龙门刨床，71年，它一直坚守岗位，如图3.1.0所示。作为新中国的第一台刨床，其工作台是基于机械结构进行运动的，因此存在一定的缺陷。随着技术的不断创新和发展，在20世纪70年代，开始使用液压驱动代替机械传动来控制刨床的主运动和横向进给运动，保证了刨床的安全平稳工作。

请思考，刨床工作台运动是由液压系统的哪个元件进行控制的？又是如何实现进给和快退运动呢？今天就让我们一块儿来学习一下液压传动的执行元件。

图3.1.0 新中国的第一台龙门刨床

【任务目标】

【知识目标】
1. 了解液压缸的基本类型和特点；
2. 掌握常见液压缸的结构和组成；
3. 掌握常见液压缸的工作原理；
4. 掌握液压缸基本参数的计算。

【能力目标】
1. 会分析液压缸的工作原理；
2. 能够拆装常见液压缸；
3. 能够诊断液压缸的常见故障；
4. 能根据实际情况正确选用液压缸。

【素质目标】
1. 能够增强创新意识和团队协作能力；
2. 能够相互沟通与协作、学会举一反三、分析问题并解决问题；
3. 任务完成后，能进行自我评估并提出改进措施。

【任务资讯】

执行元件是输出功率的液压系统部件。执行元件将液压能转变为机械能，是实际工作的装置，如图3.1.1所示。有线性和旋转两种执行元件，液压缸是线性执行元件，它输出的是力和直线运动。液压马达是旋转执行元件，它输出的是扭矩和旋转运动。

（a） （b）

图 3.1.1 执行元件

（a）旋转执行元件；（b）线性执行元件

一、液压缸的类型和特点

液压缸按结构特点可分为活塞缸、柱塞缸、摆动缸三类，如图 3.1.2 所示。

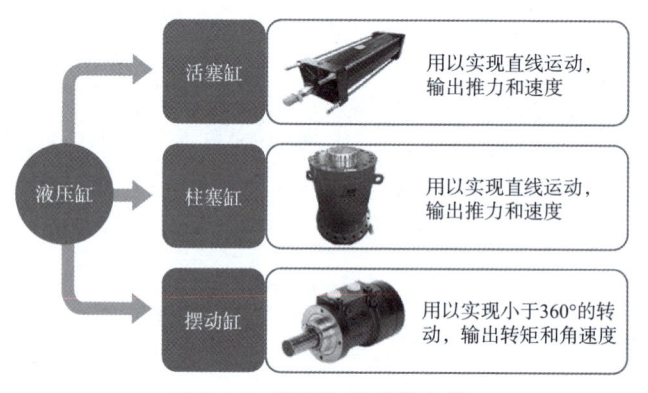

液压缸 → 活塞缸：用以实现直线运动，输出推力和速度
液压缸 → 柱塞缸：用以实现直线运动，输出推力和速度
液压缸 → 摆动缸：用以实现小于360°的转动，输出转矩和角速度

图 3.1.2 液压缸按结构分类

液压缸按作用方式可分为单作用式液压缸和双作用式液压缸两类。单作用式液压缸利用液压力推动活塞向一个方向运动，而反向需靠外力实现；双作用式液压缸是利用液压力推动活塞做正反两方向的运动，如图 3.1.3 所示。

1. 活塞式液压缸

活塞式液压缸可分为双杆活塞式和单杆活塞式两种结构形式，其安装又有缸筒固定和活塞杆固定两种方式。

1）单杆活塞式液压缸

（1）结构组成。

单杆活塞式液压缸结构如图 3.1.4 所示，它由缸筒、活塞、活塞杆、导向套、密封圈等组成。

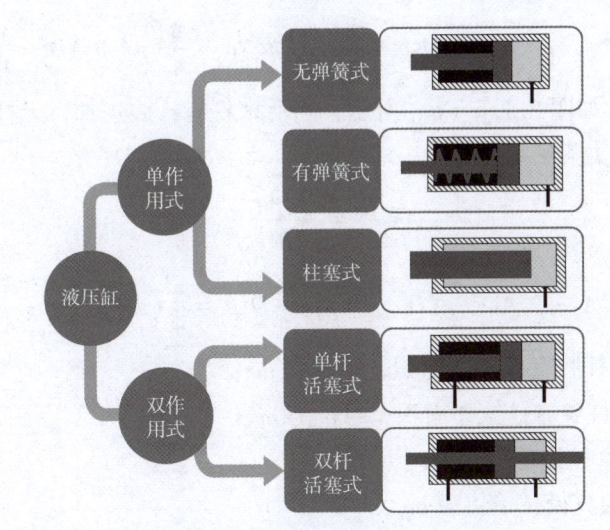

图 3.1.3 液压缸按作用方式分类

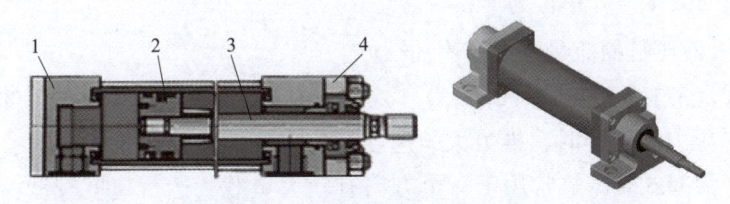

图 3.1.4 单杆活塞式液压缸结构
1—缸体；2—活塞；3—活塞杆；4—缸盖

(2) 工作原理。

活塞只有一端带活塞杆，因而左右两腔有效作用面积不同。单杆液压缸有缸体固定和活塞杆固定两种形式，如图 3.1.5 所示，但它们工作台移动范围是活塞有效行程的两倍。

单杆活塞式液压缸

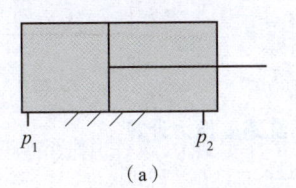

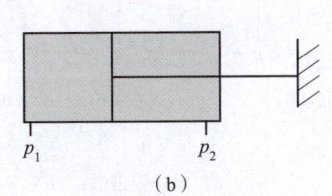

图 3.1.5 单杆活塞式液压缸
(a) 缸体固定式；(b) 活塞杆固定式

(3) 速度及推力。

① 无杆腔进油。如图 3.1.6 (a) 所示，当活塞杆无杆腔进油，有杆腔回油时，设活塞的运动速度为 v_1，推力为 F_1，则有

$$v_1 = \frac{q}{A_1} = \frac{4q}{\pi D^2} \tag{3.1.1}$$

$$F_1 = p_1 \cdot A_1 - p_2 \cdot A_2 = \frac{\pi}{4}D^2 p_1 - \frac{\pi}{4}(D^2-d^2)p_2 = \frac{\pi}{4}(p_1-p_2)D^2 + \frac{\pi}{4}p_2 d^2 \quad (3.1.2)$$

② 有杆腔进油。如图 3.1.6（b）所示，当活塞杆有杆腔进油，无杆腔回油时，设活塞的运动速度为 v_2，推力为 F_2，则有

$$v_2 = \frac{q}{A_2} = \frac{4q}{\pi(D^2-d^2)} \quad (3.1.3)$$

$$F_2 = p_1 \cdot A_2 - p_2 \cdot A_1 = \frac{\pi}{4}(D^2-d^2)p_1 - \frac{\pi}{4}D^2 p_2 = \frac{\pi}{4}(p_1-p_2)D^2 - \frac{\pi}{4}p_1 d^2 \quad (3.1.4)$$

式中，A_1——缸的无杆腔有效工作面积，单位为 m²；

A_2——缸的有杆腔有效工作面积，单位为 m²；

D——活塞的直径，单位为 m；

d——活塞杆的直径，单位为 m；

p_1——进油的压力，单位为 Pa；

p_2——回油的压力，单位为 Pa；

q——输入液压缸的流量，单位为 m³/s。

分别比较式（3.1.1）与式（3.1.3）、式（3.1.2）与式（3.1.4）可知，$v_1 < v_2$，$F_1 > F_2$，即无杆腔进压力油工作时，推力大、速度低；有杆腔进压力油工作时，推力小、速度高。因此，单杆活塞式液压缸常用于一个方向有较大负载、运行速度较低，另一个方向为空载、快速退回运动的设备。例如，各种金属切削机床、压力机、起重机的液压系统。

③ 液压缸差动连接。如图 3.1.6（c）所示，单杆活塞式液压缸在其左、右两腔互相连通并同时输入压力油时，称为差动连接。

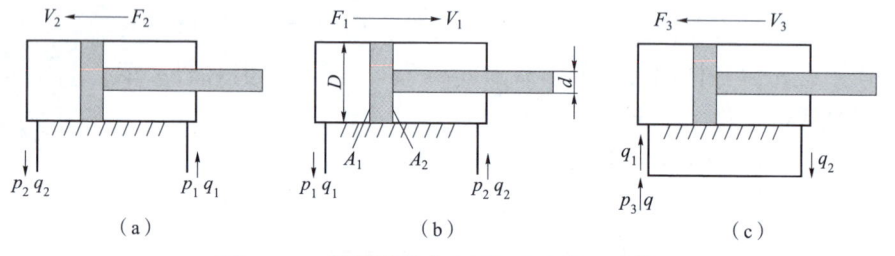

图 3.1.6 单杆活塞式液压缸速度推力计算

（a）无杆腔进油；（b）有杆腔进油；（c）差动连接

2）双杆活塞式液压缸

（1）结构组成。

双杆活塞式液压缸结构如图 3.1.7 所示。

（2）工作原理。

图 3.1.8 所示为双杆活塞式液压缸原理图，其活塞的两侧都有伸出杆。图 3.1.8（a）为缸体固定式双杆活塞式液压缸，工作台 4 与活塞杆 3 相连，缸筒 1 固定在机身上不动。当油液从左侧进入缸左腔时，推动活塞 2 带动工作台向右运动，液压缸右腔中的油液则从

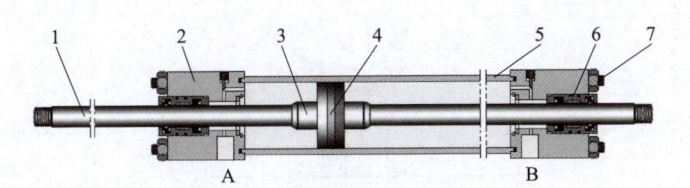

图 3.1.7　双杆活塞式液压缸结构

1—活塞杆；2—端盖；3—缓冲柱塞；4—活塞；5—缸筒；6—密封圈；7—拉杆连接组件

右侧口回油；反之，活塞带动工作台反向运动。由图可见，这种液压缸工作台最大运动范围是活塞有效行程 L 的 3 倍，占地面积较大，常用于行程短的小型液压设备中。

图 3.1.8（b）为活塞杆固定式双杆活塞式液压缸，活塞杆常是空心的且固定不动，缸筒与工作台相连，缸筒左腔进油，缸筒带动工作台向左运动，右腔回油；反之，工作台向右运动。这种液压缸工作台的最大运动范围是活塞有效行程 L 的 2 倍，占地面积较小，常用于行程长的大中型设备。由此可知，当压力油从两油口交替输入液压缸左、右工作腔时，压力油作用于活塞端面，驱动活塞或缸体运动，并带动工作台做直线往复运动。

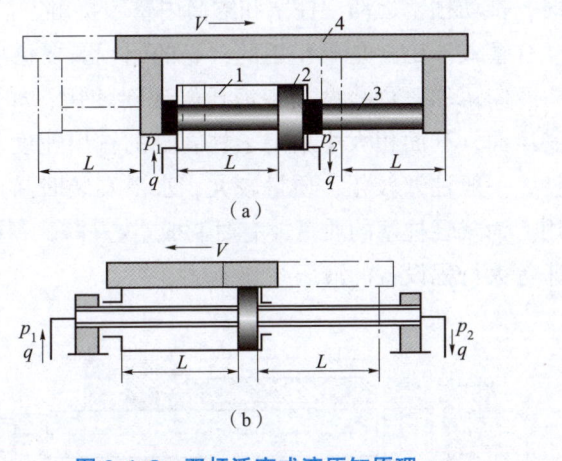

图 3.1.8　双杆活塞式液压缸原理

（a）缸体固定式；（b）活塞杆固定式

1—缸筒；2—活塞；3—活塞杆；4—工作台

（3）速度及推力。

如图 3.1.9 所示，双杆活塞式液压缸的两个活塞杆直径通常是相等的，当左右压力相等时，活塞缸左右两个方向的推力也相等。如进油腔和回油腔的压力分别是 p_1 和 p_2，则推力 F 为

$$F = A_1(p_1 - p_2) = \frac{\pi}{4}(D^2 - d^2)(p_1 - p_2) \tag{3.1.5}$$

式中，A_1 为活塞的有效工作面积，单位为 m²；D 为活塞的直径，单位为 m；d 为活塞杆的直径，单位为 m。

如进入缸内的流量为 q，则工作台的运动速度为

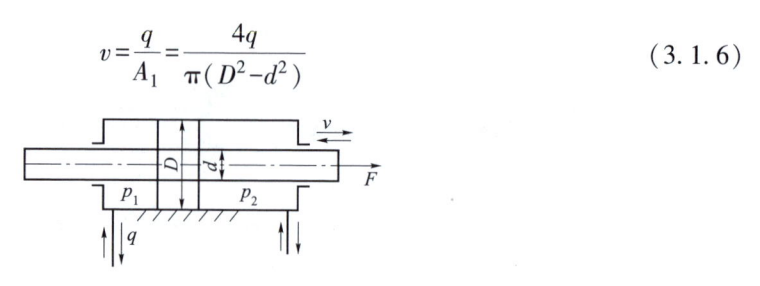

$$v=\frac{q}{A_1}=\frac{4q}{\pi(D^2-d^2)} \qquad (3.1.6)$$

图 3.1.9　双杆活塞式液压缸速度推力计算

2. 柱塞式液压缸

前面所讨论的活塞式液压缸的应用非常广泛，但这种液压缸由于缸孔加工精度要求很高，当行程较长时，加工难度大，使制造成本增加。在实际生产中，某些场合所用的液压缸并不要求双向控制，而柱塞式液压缸正是满足了这种使用要求的一种价格低廉的液压缸。

如图 3.1.10（a）所示，柱塞缸由缸筒、柱塞、导向套、密封圈和压盖等零件组成，当压力油进入缸筒时，推动柱塞运动。柱塞和缸筒内壁不接触，因此缸筒内孔不需精加工，工艺性好，成本低。柱塞式液压缸是单作用的，它的回程需要借助自重或弹簧等其他外力来完成，如果要获得双向运动，可将两柱塞液压缸成对使用，如图 3.1.10（b）所示。柱塞缸的柱塞端面是受压面，其面积大小决定了柱塞缸的输出速度和推力。为保证柱塞缸有足够的推力和稳定性，一般柱塞较粗，质量较大，水平安装时易产生单边磨损，故柱塞缸适宜于垂直安装使用。为减轻柱塞的质量，有时制成空心柱塞。柱塞缸主要用在龙门刨床、导轨磨床、大型拉床等大行程设备的液压系统中。

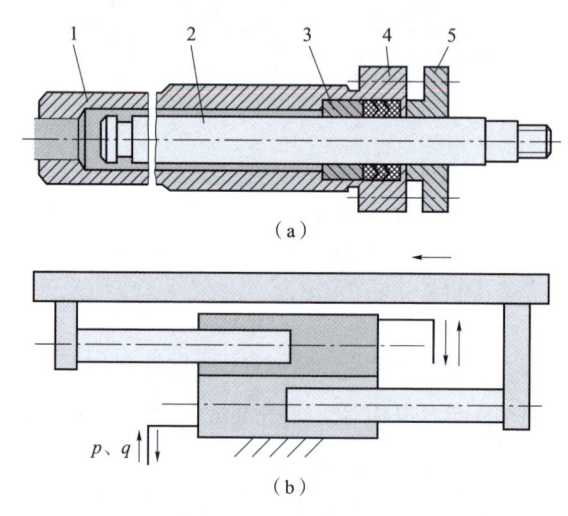

图 3.1.10　柱塞式液压缸
1—缸筒；2—柱塞；3—导向套；4—密封圈；5—压盖

3. 摆动式液压缸

摆动缸是输出转矩并实现往复摆动的液压缸，又称摆动液压马达，有单叶片

[图 3.1.11（a）]和双叶片[图 3.1.11（b）]两种形式。它由叶片轴、缸体、定子块和回转叶片等组成。定子块在缸体上，叶片和叶片轴（转子）连接在一起，当两油口交替输出压力油时，叶片带动叶片轴做往复摆动，输出转矩和角速度。单叶片缸输出轴的摆角小于 310°。双叶片缸输出轴的摆角小于 150°，但输出转矩是单叶片缸的 2 倍。

摆动缸结构紧凑、输出转矩大，但密封性较差，一般用于机床和工件夹具的夹紧机构、送料装置、转位装置、周期性进给机构等中低压系统以及工程机械中。

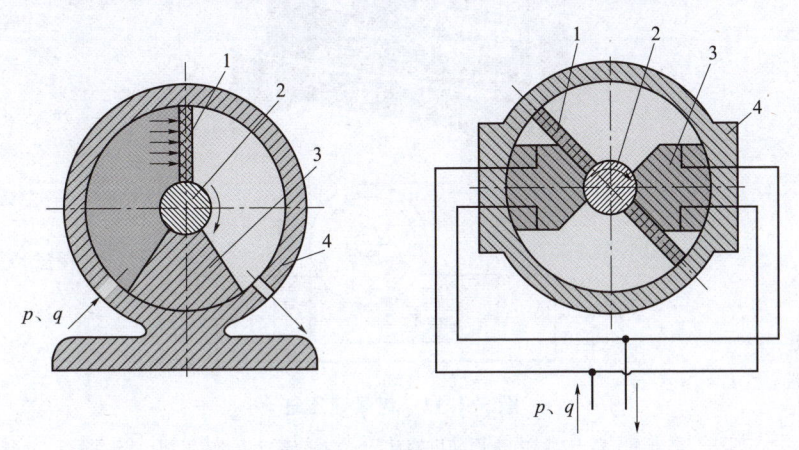

图 3.1.11 摆动式液压缸

（a）单叶片式；（b）双叶片式

p—工作压力；q—输入流量；1—叶片；2—摆动轴；3—定子块；4—缸体

4. 组合式液压缸

1）伸缩液压缸

伸缩缸又称多级缸，如图 3.1.12 所示，它由两个或多个活塞缸套装而成。前一级活塞缸的活塞是后一级活塞缸的缸筒。工作时外伸动作逐级进行，首先是最大直径的缸筒外伸，当其达到终点的时候，稍小直径的缸筒开始外伸，这样各级缸筒依次外伸。

伸缩缸适用于安装空间受到限制而行程要求很长的场合，例如起重机伸缩臂液压缸、自卸汽车举升液压缸等。

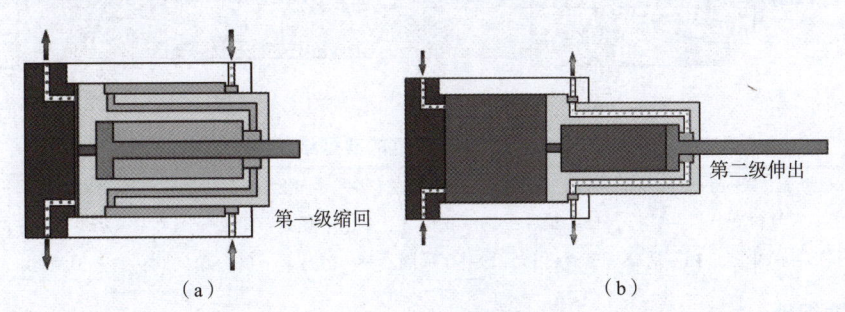

图 3.1.12 伸缩液压缸

（a）第一级缩回；（b）第二级缩回

2）齿条液压缸

齿条液压缸又称无杆式液压缸，由带有一根齿条杆的双活塞缸 1 和一套齿轮齿条传动机构 2 组成，如图 3.1.13 所示。压力油推动活塞左右往复运动时，经齿条推动齿轮轴往复转动，齿轮便驱动工作部件做周期性的往复旋转运动。齿条液压缸多用于自动生产线、组合机床等转位或分度机构的液压系统中。

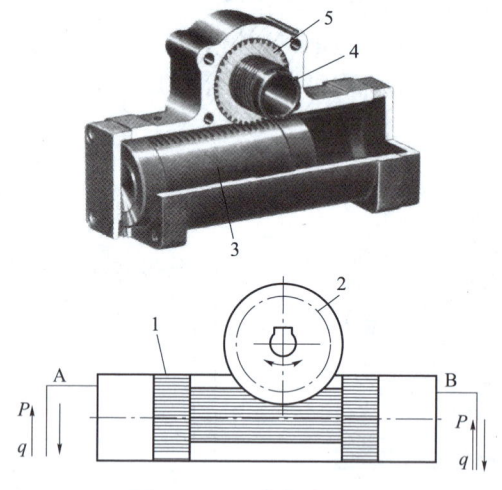

图 3.1.13　齿条液压缸

1—双活塞缸；2—齿轮齿条传动机构；3—齿条柱塞；4—输出轴；5—齿轮

二、液压缸的结构

液压缸的典型结构如图 3.1.14 所示，由缸筒、缸盖、活塞、活塞杆、密封件等主要零件组成。其结构主要包括缸体组件、活塞组件、密封装置、缓冲装置和排气装置五部分。

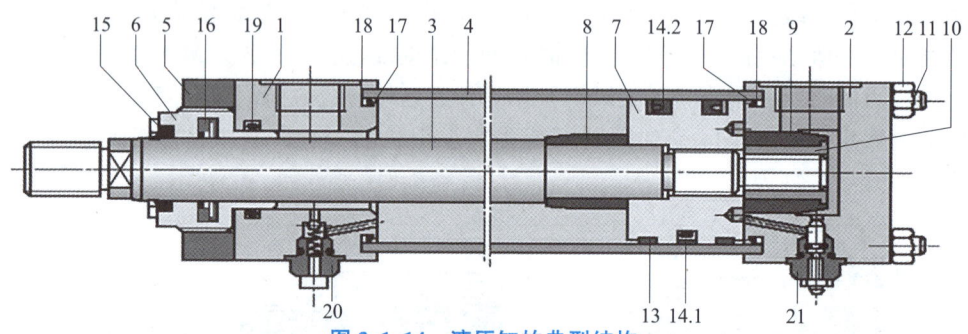

图 3.1.14　液压缸的典型结构

1—缸盖；2—缸底；3—活塞杆；4—缸筒；5—法兰；6—导向套；7—活塞；8，9—缓冲柱塞；10—螺纹衬套；11—螺栓；12—螺母；13—支撑环；14.1—密封（T 型）；14.2—密封（A 型）；15—防尘圈；16—活塞杆密封；17，19—O 形圈；18—支撑环；20—单向阀；21—节流阀

1. 缸体组件

缸筒是液压缸的主体，它与缸盖、活塞等零件构成密闭的容腔，承受油压，因此要有足够的强度和刚度，以便抵抗油液压力和其他外力的作用。缸筒内孔一般采用镗削、铰孔、滚压或珩磨等精密加工工艺制造，要求表面粗糙度 Ra 值为 $0.1 \sim 0.4\ \mu m$，以使活塞及其密封件、支承件能顺利滑动和保证密封效果，减少磨损。为了防止腐蚀，缸筒内表面有时需镀铬。

缸盖装在缸筒两端，与缸筒形成密闭容腔，同样承受很大的液压力，因此它们及其连接部件都应有足够的强度。设计时既要考虑强度，又要选择工艺性较好的结构形式。缸筒和缸盖的常见连接方式如图 3.1.15 所示。

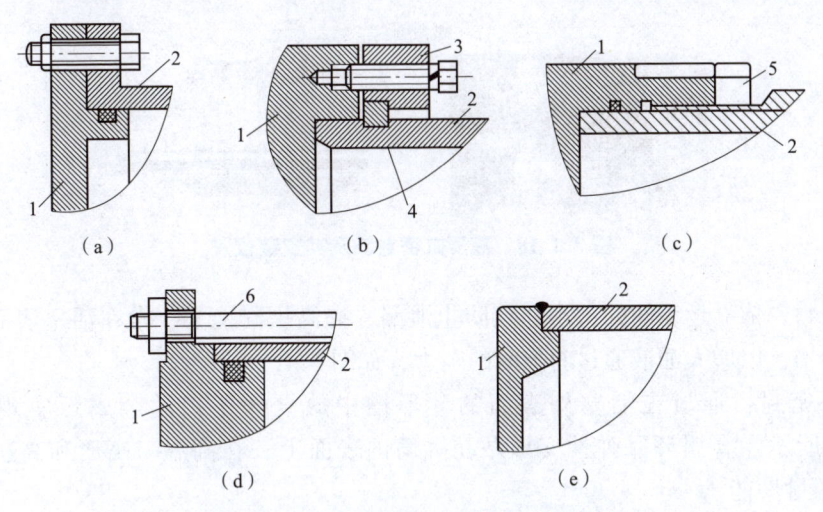

图 3.1.15　缸筒和缸盖的常见连接方式
（a）法兰连接；（b）半环连接；（c）螺纹连接；（d）拉杆式连接；（e）焊接连接
1—缸盖；2—缸筒；3—压板；4—半环；5—防松螺母；6—拉杆

2. 活塞组件

活塞受油压的作用在缸筒内做往复运动，因此，活塞必须具备一定的强度和良好的耐磨性。活塞一般用铸铁制造。活塞的结构通常分为整体式和组合式。

活塞杆是连接活塞和工作部件的传力零件，必须具有足够的强度和刚度。活塞杆无论是实心的还是空心的，通常都用钢料制造。活塞杆在导向套内往复运动，其外圆表面应当耐磨并有防锈能力，故活塞杆外圆表面有时需镀铬。

活塞与活塞杆的连接方式如图 3.1.16 和图 3.1.17 所示。

图 3.1.16　螺母连接
1—活塞；2—螺母；3—活塞杆

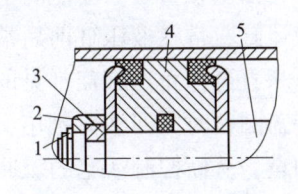

图 3.1.17　卡环式连接
1—弹簧卡；2—轴套；3—半环；4—活塞；5—活塞杆

3. 密封装置

液压缸高压腔中的油液向低压腔泄漏称为内泄漏，液压缸中的油液向外部泄漏称为外泄漏。由于液压缸存在内泄漏和外泄漏，使得液压缸的容积效率降低，从而影响液压缸的工作性能，严重时使系统压力上不去甚至无法工作，并且外泄漏还会污染环境。

液压缸的密封装置用以防止油液的泄漏。密封装置设计的好坏对于液压缸的静、动态性能有着重要的影响。一般要求密封装置应具有良好的密封性，尽可能长的寿命，要制造简单、拆装方便、成本低。根据密封位置不同，密封分为间隙密封和活塞环密封。液压缸密封圈及其安装位置如图 3.1.18 所示。

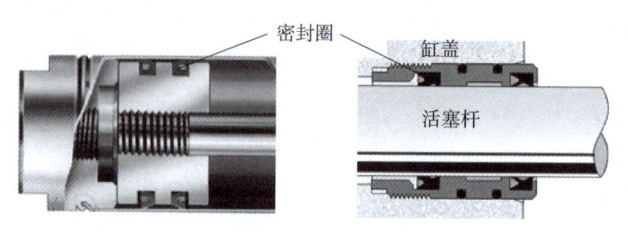

图 3.1.18　液压缸密封圈及其安装位置

间隙密封：依靠运动间的微小间隙防止泄漏，提高密封能力，常在活塞表面上制出几条细小环形槽，以增大油液通过间隙时的阻力，如图 3.1.19 所示。

活塞环密封：通过在活塞外表面的环形槽中放置切了口的金属环实现密封，如图 3.1.20 所示。金属环靠弹性变形贴在缸筒内表面上，在高温、高压和高速运动场合有很好的密封性能。

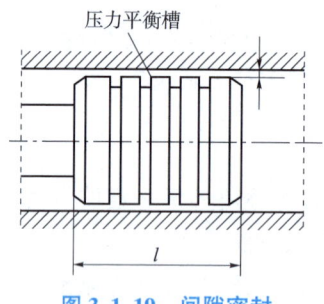

图 3.1.19　间隙密封

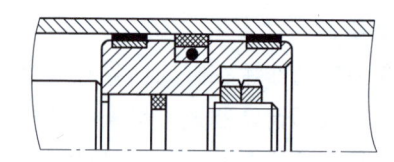

图 3.1.20　活塞环密封

4. 缓冲装置

为了防止活塞在行程的终点与前后端盖发生碰撞，引起噪声和液压冲击，影响工作精度或损坏液压缸，常在液压缸前后端盖上设有缓冲装置，以使活塞移到快接近行程终点时速度减慢下来直至停止。缸盖常见的缓冲装置是应用节流原理来实现缓冲的。活塞端部圆柱塞进入端盖圆孔时，回油口被堵，无杆腔只能通过节流阀回油，调节节流阀的开度，可以控制回油量，从而控制活塞的缓冲速度，如图 3.1.21～图 3.1.23 所示。

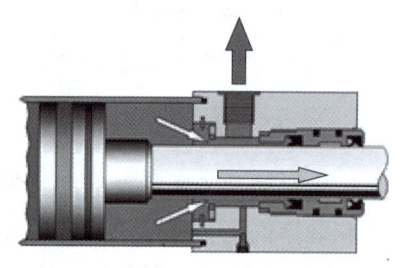

图 3.1.21　正常回油液压缸

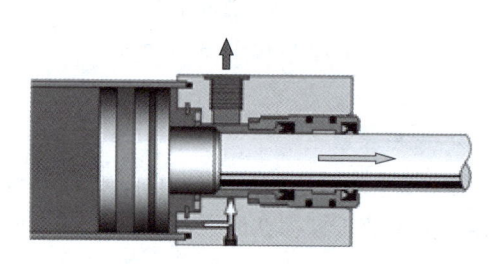

图 3.1.22　节流回油液压缸

5. 排气装置

在安装过程中或停止工作一段时间后，空气将侵入液压系统内。缸筒内如存留空气，将使液压缸在低速时产生爬行、颤抖等现象，换向时易引起冲击，因此在液压缸结构上要能及时排除缸内存留的气体。一般双作用式液压缸不设专门的放气孔，而是将液压油出入口布置在前、后端盖的最高处。大型双作用式液压缸则必须在前、后端盖设放气栓塞。对于单作用式液压缸，液压油出入口一般设在缸筒底部，放气栓塞一般设在缸筒的最高处，如图3.1.24所示。

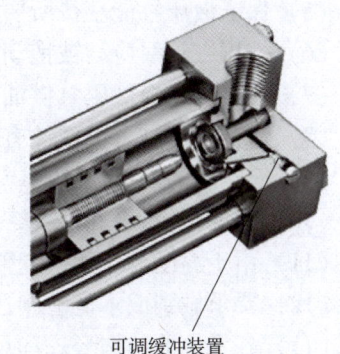

图3.1.23 带可调缓冲装置的液压缸

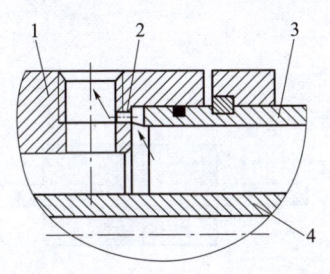

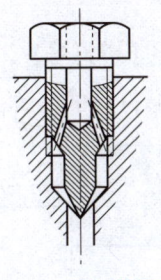

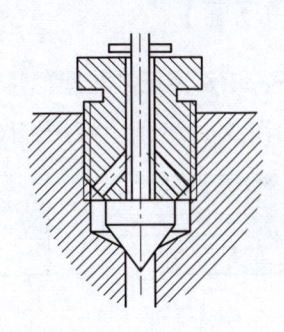

图3.1.24 排气装置
1—缸盖；2—放气小孔；3—缸体；4—活塞杆

三、液压缸的选用与设计原则

如今，液压缸的使用已经十分普遍，如果液压缸选用不当，就会造成经济上的损失，而且有可能出现意外事故。选用时，应认真分析液压缸的工作条件，选择适当的结构和安装形式，确定合理的参数。选用液压缸主要考虑以下几点要求：

(1) 行程；
(2) 工作压力；
(3) 结构形式；
(4) 液压缸和活塞杆的直径；
(5) 液压缸作用力；
(6) 密封装置；
(7) 运动速度；
(8) 其他附属装置（缓冲器、排气装置）；
(9) 安装方式；
(10) 工作温度和周围环境。

一般来说，液压缸的设计原则有以下几点：

(1) 液压缸应尽量避免承受侧向载荷；
(2) 当液压缸活塞杆伸出时，应尽量避免下垂；
(3) 液压缸各部位的密封要可靠，泄漏少，摩擦力小；
(4) 最好使活塞杆在工作时受拉力作用，以免产生纵向弯曲；

（5）保证液压缸能获得所要求的往复运动的速度、行程和作用力；

（6）液压缸轴线应与被拖动机构的运动方向一致；

（7）在合理选择液压泵供油压力和流量的条件下，应尽量减小液压缸的尺寸；

（8）保证液压缸每个零件有足够的强度、刚度和耐用性；

（9）液压缸的结构设计，应充分注意零件加工和装配的工艺性；

（10）根据机械设备的要求，选择合适的缓冲、防尘和排气装置；

（11）由于温度变化而引起伸长时，液压缸不能因受约束而产生弯曲；

（12）要求做到成本低、制造容易、维修方便；

（13）各零件的结构形式和尺寸应尽量采用标准形式和尺寸系列，尽量选用标准件。

【任务实施】

步骤一：识别液压缸的图形符号（辨符号）

请写出图 3.1.25 所示液压缸图形符号的名称。

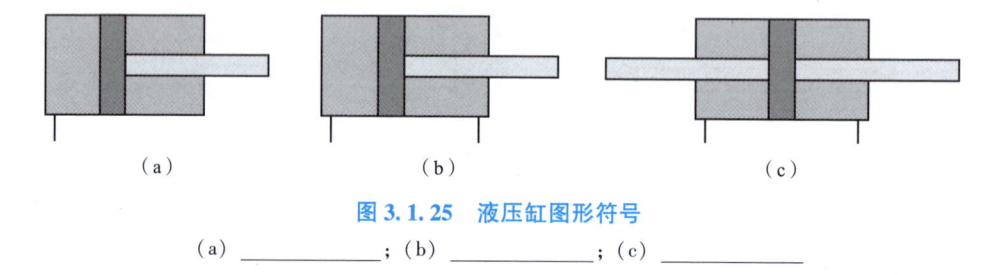

图 3.1.25　液压缸图形符号

（a）＿＿＿＿＿＿；（b）＿＿＿＿＿＿；（c）＿＿＿＿＿＿

步骤二：掌握液压缸的工作原理（懂原理）

分析图 3.1.26 所示两个液压缸的工作原理。

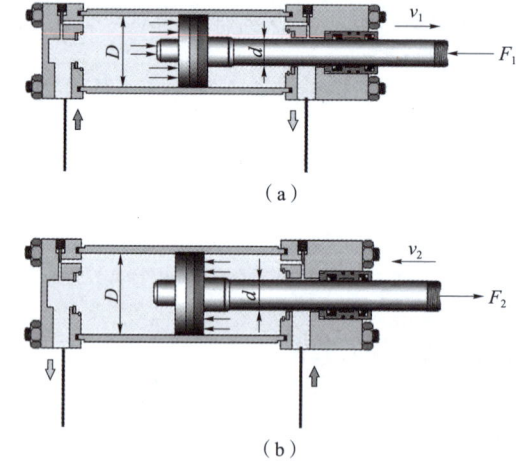

图 3.1.26　液压缸的工作原理

步骤三：识别实物（识实物）

请写出图 3.1.27 所示液压缸的名称。

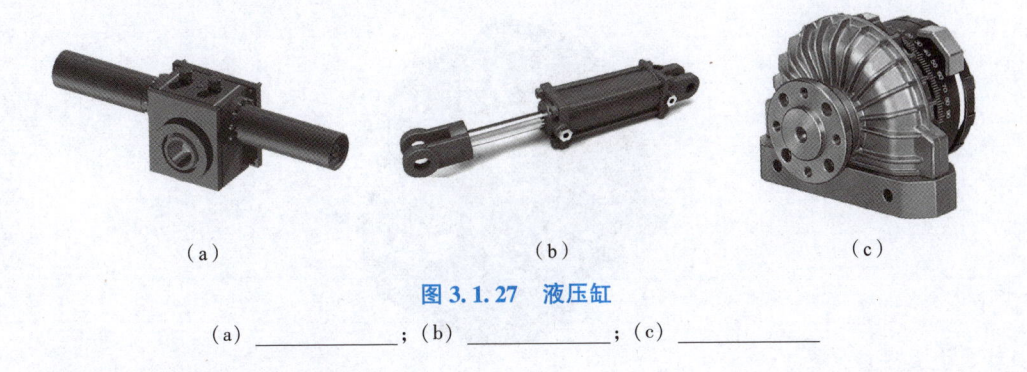

（a）　　　　　　　　　　（b）　　　　　　　　　　（c）

图 3.1.27　液压缸

（a）＿＿＿＿＿＿；（b）＿＿＿＿＿＿；（c）＿＿＿＿＿＿

步骤四：实践分析（会分析）

刨床工作台的液压系统中，选用的是什么类型的液压缸？又是如何实现进给和快退运动的呢？

_____
_____
_____

【任务总结】

请扫码完成本次工作的任务评价表。

任务评价表

【知识拓展一】

请扫码查看完成拓展任务一的知识锦囊。

液压马达

【拓展任务一实施】

步骤一：识别实物（识实物）

请写出图 3.1.28 所示图片的名称。

图 3.1.28 _____

步骤二：写出液压马达的分类（知分类）

（1）按照额定转速不同，液压马达分为 _____、_____。
（2）按排量是否可调，液压马达分为 _____、_____。
（3）按结构不同，液压马达分为 _____、_____、_____。

步骤三：叶片式液压马达原理图绘制与分析（绘原理）

请画出叶片式液压马达工作原理图，并分析其工作过程。

工作原理图：

原理分析：
_____
_____
_____
_____
_____

【拓展任务－总结】

请扫码完成本次工作的任务评价表。

任务评价表

【博闻强识】

请扫码观看走近科学：液压混合动力挖掘机。

走近科学：液压混合动力挖掘机

【知识拓展二】

请扫码查看完成拓展任务二的知识锦囊。

气缸的类型和特点

【拓展任务二实施】

步骤一：识别实物（识实物）

请写出图 3.1.29 所示气缸的名称。

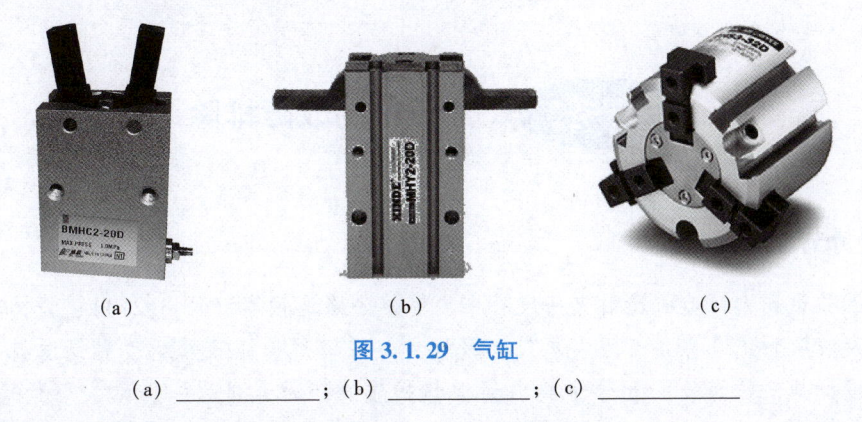

(a)　　　　　　　　　(b)　　　　　　　　　(c)

图 3.1.29　气缸

(a) _____；(b) _____；(c) _____。

步骤二：写出气缸的分类（知分类）

(1) 按照压缩空气对活塞的作用力的方向不同，气缸分为_____、_____。

(2) 按结构功能不同，气缸分为_____、_____、_____、_____、_____、_____、_____。

(3) 按安装方式不同，气缸分为_____、_____。

步骤三：根据实际情况选用气缸（会应用）

现在自动化生产线发展得很快，并且应用范围广泛，请思考一下，自动化生产线中的机械手臂应用的是哪种类型的气缸？

_____
_____
_____

【拓展任务二总结】

请扫码完成本次工作的任务评价表。

任务评价表

【博闻强识】

请扫码了解气缸原理的来源。

气缸原理的来源

子任务二　液压缸的故障排除

【任务导读】

长征五号运载火箭地面发射支持设备中，箭体公路运输车（图3.2.0）、箭体转载平台车等都涉及液压系统设备，液压人员工作量极大。曾毅是长征五号运载火箭发射平台液压系统主管设计师，是为长征五号运载火箭保驾护航的液压人员之一，从火箭运输到转载、吊装、垂调，再到射前的摆杆摆开，都需要他全程保障。

图3.2.0　长征五号运载火箭箭体公路运输车

箭体公路运输车长期停放在户外，处于高温、高热、高湿、高盐雾的极端恶劣工况中，需要经常检修。每次检修，曾毅都对液压系统各个单机进行无死角的全面检查。从接头、管路、阀件再到油缸，用眼睛看，用手摸，一定要保证产品的状态良好。在一次细心检查中，曾毅发现了转向油缸防尘圈脱落问题，通过紧急更换油缸，提前排除了箭体运输风险。

运输车的油缸活塞杆平时涂满厚厚的黄油层防护，时间一长黄油就变黑。而防尘圈在恶劣环境中，容易变脆，碎片脱落黏在黑黑的黄油中，很难被发现。检修期间，曾毅发现了防尘圈的问题，他现场判断存在多余物和渗漏的风险。

曾毅当机立断，与领导、专家、厂商一起分析防尘圈脱落原因，快速定位，制定油缸改进方案，迅速完成油缸改进设计图纸，联系生产厂家协同工作，同步开展工艺改进、备料、密封件采购等各项工作，以极限速度，赶在运输前两天完成了油缸更换工作，保障了箭体平安运输到转载厂房。那么我们在实际工作中，如何能够通过检修和拆装，分析并排除液压缸的故障呢？

【任务目标】

【知识目标】
1. 掌握液压缸的常见故障现象；
2. 掌握液压缸的常见故障原因；
3. 了解液压马达的常见故障现象和原因。

【能力目标】
1. 会根据液压缸产生的故障现象分析产生的原因；
2. 能够根据液压缸产生的故障现象找到排除方法。

【素质目标】
1. 能够增强安全操作意识，做到安全操作；
2. 能够相互沟通与协作、学会举一反三、分析问题并解决问题；
3. 任务完成后，能自我评估并提出改进措施。

【任务资讯】

液压缸作为一种通用型工业设备，作业时难免会出现故障问题，严重时可能直接导致设备停机，但是，液压缸的故障往往不容易从外部表面现象和声响特征中准确地判断出故障发生的部位和原因，所以，必须运用科学的方法，分析产生故障的原因，采取切实可行的预防措施，排除故障，确保设备的完好率，提高安全使用水平和效率。

一、液压缸的常见故障及排除方法

1. 故障现象：运动部件推力不足、速度不够或逐渐下降

故障原因：
（1）液压缸与活塞配合间隙过大或 O 形密封圈破坏；
（2）工作时经常使用某一段，造成局部几何形状误差增大，产生泄漏；
（3）缸端活塞杆密封压得过紧，摩擦力太大；
（4）活塞杆弯曲，使运动阻力增加。

排除方法：

(1) 更换活塞或密封圈，调整到合适间隙；

(2) 镗磨修复缸孔内径，重配活塞；

(3) 放松、调整密封；

(4) 校正活塞杆。

2. 故障现象：运动部件产生爬行

故障原因：

(1) 外界空气进入缸内；

(2) 密封压得太紧；

(3) 活塞与活塞杆不同轴；

(4) 活塞杆弯曲变形；

(5) 缸筒内壁拉毛，局部磨损严重或腐蚀；

(6) 安装位置有误差；

(7) 双活塞杆两端螺母拧得太紧；

(8) 导轨润滑不良。

排除方法：

(1) 开动系统，打开排气塞（阀）强迫排气；

(2) 调整密封，保证活塞杆能用手拉动，且无泄漏即可；

(3) 校正或更换，使同轴度小于 $\phi 0.04$ mm；

(4) 校正活塞杆，保证直线度小于 0.1/1 000；

(5) 适当修理，严重者重磨缸孔，按要求重配活塞；

(6) 校正；

(7) 调整；

(8) 适当增加导轨润滑油量。

3. 故障现象：运动部件换向有冲击

故障原因：

(1) 活塞与缸筒间用间隙密封时，间隙过大，节流阀失去作用；

(2) 端部缓冲装置中的单向阀失灵，不起作用。

排除方法：

(1) 更换活塞，使间隙达到规定要求，检查缓冲节流阀；

(2) 修正、研配单向阀与阀座或更换。

4. 故障现象：外泄漏

液压缸的外泄漏如图 3.2.1 所示。

故障原因：

(1) 密封圈损坏或装配不良使活塞杆处密封不严；

(2) 活塞杆表面损伤；

(3) 管接头密封不严；

(4) 缸盖处密封不良。

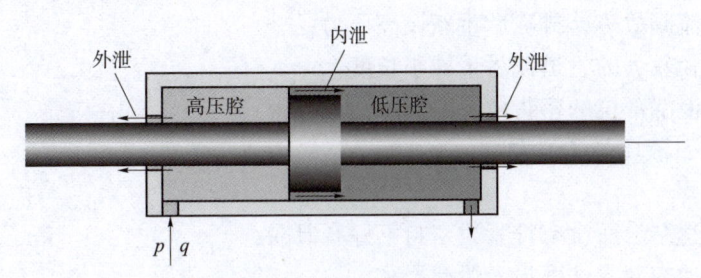

图 3.2.1　液压缸的外泄漏

排除方法：

（1）检查并更换或重装密封圈；

（2）检查并修复活塞杆；

（3）检查并修整管接头；

（4）检修缸盖处密封圈及接触面。

二、液压马达的常见故障及排除方法

1. 故障现象：转速低、转矩小

故障原因：

（1）电动机转速不够；

（2）滤油器滤网堵塞；

（3）油箱中油量不足或吸油管径过小，造成吸油困难；

（4）密封不严，泄漏，空气侵入内部；

（5）油的黏度过大；

（6）液压泵轴向及径向间隙过大，内泄增大。

排除方法：

（1）找出原因，进行调整；

（2）清洗或更换滤网；

（3）加足油量，适当加大管径，使吸油通畅；

（4）拧紧密封接头，防止泄漏或空气侵入；

（5）选择黏度小的油液；

（6）适当修复液压泵。

2. 故障现象：液压泵输出油压不足

故障原因：

（1）液压泵效率太低；

（2）溢流阀调整压力不足或发生故障；

（3）油管阻力过大（管道过长或过细）；

（4）油的黏度较小，内部泄漏较大。

排除方法：

（1）检查液压泵故障，并加以排除；

（2）检查溢流阀故障，排除后重新调高压力；
（3）更换孔径较大的管道或尽量减小长度；
（4）检查内泄漏部位的密封情况，更换油液或密封。

3. 故障现象：液压马达泄漏
故障原因：
（1）液压马达结合面没有拧紧或密封不好有泄漏；
（2）液压马达内部零件磨损，泄漏严重。

排除方法：
（1）拧紧结合面，检查密封情况或更换密封圈；
（2）检查其损伤部位，并修磨或更换零件。

4. 故障现象：内部泄漏
故障原因：
（1）配油盘磨损严重；
（2）轴向间隙过大；
（3）配油盘与缸体端面磨损，轴向间隙过大；
（4）弹簧疲劳；
（5）柱塞与缸体磨损严重。

排除方法：
（1）检查配油盘接触面，并加以修复；
（2）检查并将轴向间隙调至规定范围；
（3）修磨缸体及配油盘端面；
（4）更换弹簧；
（5）研磨缸体孔，重配柱塞。

5. 故障现象：外部泄漏
故障原因：
（1）油端密封圈磨损；
（2）盖板处的密封圈损坏；
（3）结合面有污物或螺栓未拧紧；
（4）管接头密封不严。

排除方法：
（1）更换密封圈并查明磨损原因；
（2）更换盖板处密封圈；
（3）检查、清除结合面污物并拧紧螺栓；
（4）拧紧管接头。

6. 故障现象：噪声
故障原因：
（1）密封不严，有空气侵入内部；
（2）液压油被污染，有气泡混入；
（3）联轴器不同心；

(4) 液压油黏度过大；
(5) 液压马达的径向严重磨损；
(6) 叶片已磨损；
(7) 叶片与定子接触不良，有冲撞现象；
(8) 定子磨损。

排除方法：
(1) 检查有关部位的密封，紧固各连接处；
(2) 更换清洁的液压油；
(3) 校正同心；
(4) 更换黏度较小的油液；
(5) 修磨缸孔，重配柱塞；
(6) 尽可能修复或更换叶片；
(7) 修整叶片与定子；
(8) 修复或更换定子，如因弹簧过硬造成磨损加剧，则应更换刚度较小的弹簧。

7. 故障现象：失效

故障原因：
配油盘的支承弹簧疲劳，失去作用。

排除方法：
检查、更换支承弹簧。

【任务实施】

步骤一：扫码观看液压缸拆装视频，并动手拆装液压缸，写出液压缸的主要拆卸步骤。

液压缸的拆装视频

请写出液压缸的主要拆卸步骤。
_____
_____
_____

步骤二：通过拆装发现液压缸存在外泄漏情况，请分析可能存在的故障原因，并提出解决方法。
_____
_____
_____
_____

步骤三：写出液压缸的装配步骤。

_____
_____
_____

【任务总结】

请扫码完成本次工作的任务评价表。

任务评价表

【博闻强识】

请扫码了解"蛟龙号"推迟下潜的原因。

"蛟龙号"推迟下潜的原因

工作任务四　控制元件及基本回路的认知与搭建

【任务目标】

1. 能够正确识别和选用各种控制元件；
2. 能够识别和绘制常见的控制元件的图形符号；
3. 能够正确地使用液压或气动实训台；
4. 能够绘制常见的基本回路；
5. 能够进行常见的基本回路的安装与调试；
6. 能够增强安全操作意识，做到安全操作；
7. 能够以问题为导向，团队协作，解决问题。

【任务简介】

1. 本任务通过挖掘机手臂、汽车起重机支腿等实际案例，学习控制元件和基本回路，掌握其工作原理、结构组成以及在实际工程中的应用。通过本任务的学习，学生可逐步提升综合技能，为后续的学习奠定良好的基础。

2. 控制元件及基本回路的认知与搭建任务学习地图。

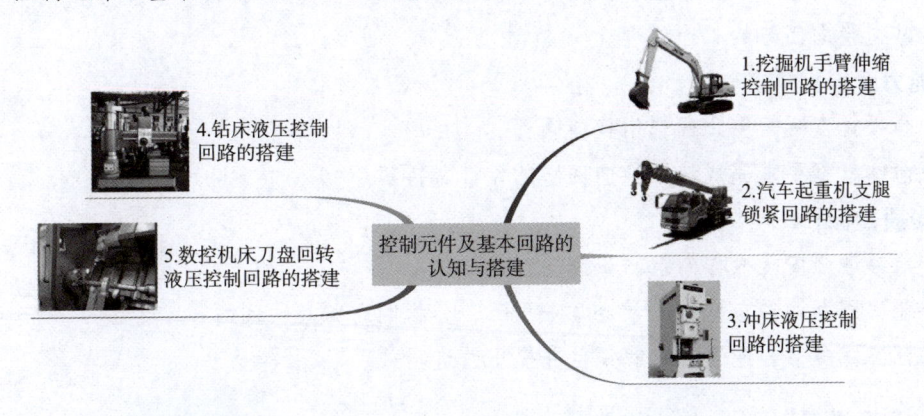

控制元件及基本回路的认知与搭建
- 1.挖掘机手臂伸缩控制回路的搭建
- 2.汽车起重机支腿锁紧回路的搭建
- 3.冲床液压控制回路的搭建
- 4.钻床液压控制回路的搭建
- 5.数控机床刀盘回转液压控制回路的搭建

子任务一　挖掘机手臂伸缩控制回路的搭建

【任务导读】

一桥连三地，天堑变通途。港珠澳大桥于 2018 年 10 月 23 日正式通车。港珠澳大桥跨越伶仃洋，东接香港特别行政区，西接广东省珠海市和澳门特别行政区，总长约 55 km，如图 4.1.0（a）所示。大桥主体采用桥隧组合方式，主体工程全长约 29.6 km，海底隧道长约 6.7 km，是世界最长的公路沉管隧道和唯一的深埋沉管隧道，也是我国第一条外海沉管隧道。

海底隧道由 33 节巨型沉管对接安装而成，而这 33 根世界最长的海底沉管隧道是在有 10 个足球场面积的超级工厂中生产出来的。港珠澳大桥的建设不仅体现了区域合作，更体现了八方支援，这座超级工厂正是由桂山岛上 3 000 多名工人在 100 天的时间内从平地上挖去 300 万 m^3 的土石建造起来的。那么在施工现场挖掘机手臂 [图 4.1.0（b）]的伸缩是如何实现的呢？挖掘机手臂伸缩控制的回路该如何搭建？

（a）　　　　　　　　　　　　（b）

图 4.1.0　港珠澳大桥和挖掘机手臂

【任务目标】

【知识目标】

1. 掌握换向阀的工作原理和图形符号；
2. 掌握换向回路的工作原理。

【能力目标】

1. 会根据实际需要正确选用换向阀；
2. 能够根据要求完成液压换向回路的设计与搭建。

【素质目标】

1. 能够增强安全操作意识，做到安全操作；
2. 能够相互沟通与协作，学会举一反三、分析问题并解决问题；
3. 任务完成后，能进行自我评估并提出改进措施。

【任务资讯】

方向控制阀像警察指挥交通一样，是用于控制液压系统中油路的接通、切断或改变液流方向的液压阀，主要用以实现对执行元件的启动、停止或运动方向的控制，如图 4.1.1 所示。它主要包括单向阀和换向阀两类。在液压系统中，起控制执行元件的启动、停止及换向作用的回路称方向控制回路。方向控制回路有换向回路和锁紧回路两种。

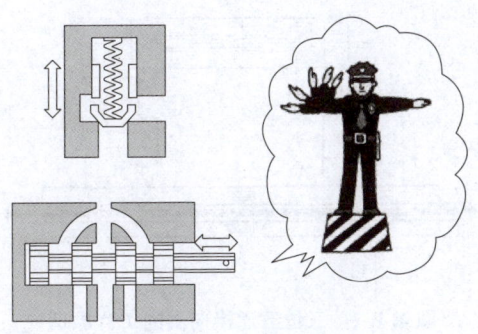

图 4.1.1　方向控制阀

一、换向阀

换向阀是利用阀芯对阀体的相对运动，使油路接通、切断或变换油流的方向，从而实现液压元件及其驱动机构的启动、停止或变换运动方向。换向阀按阀的结构可分为转阀式和滑阀式。滑阀式换向阀在液压系统中应用非常广泛，本任务主要介绍滑阀式换向阀。换向阀的类型如表 4.1.1 所示。

表 4.1.1　换向阀的类型

分　类	形　式
按阀芯运动分	滑阀式换向阀、转阀式换向阀
按通路数分	二通、三通、四通、五通
按工作位数分	二位、三位、四位
按控制方式分	手动、机动、电磁、液动、电液动

1. 换向阀的换向原理

任何换向阀都是由阀体和阀芯两个主要部件组成的，其中阀芯是一个有多段台阶的圆柱体，直径大的部分称凸肩，有的还在阀芯开有中心孔作为油液的阀内通道。阀体内孔加工出若干段环形槽称为沉割槽。其工作原理是通过外力（即后面提到的操纵方式）使阀芯在阀体内做相对运动来达到使油路换向的目的。

图 4.1.2 所示为一种三位五通换向阀的工作原理图，阀芯轴向移动时，可处于右端、中间和左端三个位置，而每个工作位置均由四个相同的油口通到阀体外，与管道相连。其中 P 为进油口，与供油路（液压泵）相通；T 为回油口，与回油路（油箱）相通；A、B 为工作油口，分别与液压缸两腔相通。当阀芯处在阀体中间位置时称为"中位"，四个油口都彼此隔开，互不相通，液压缸此时无液压油进出缸的两腔，所以液压缸保持停止状态；当阀芯从中位右移至右端位置时称为"左位"，P 和 A 相通，B 和 T 相通，这时液压缸左腔进入油液，右腔排出油液，油液推动活塞杆右行；当阀芯由中位左移至左端时，称为"右位"，P 和 B 相通，A 和 T 相通，这时液压缸右腔进入油液，左腔排出油液，液压缸油液推动活塞杆左行。

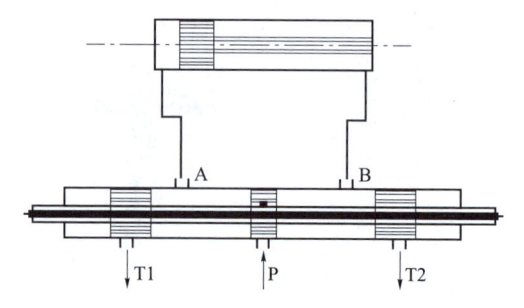

图 4.1.2　三位五通换向阀的工作原理

2. 换向阀的图形符号

（也称职能符号）换向阀的主要功能由工作位置数、通路数和机能来决定。工作位置数是指阀芯相对于阀体的工作位置的数目；通路数是指与系统主油路相连通的阀体上油口的数目。换向阀的图形符号的意义为：

（1）位置数。是图形符号中的方格数，有几个方格就表示有几个工作位置。

（2）通路数。箭头"↑""↓"示两油口连通，但不表示流向。堵塞符号"⊥"和"⊤"表示油口被阀芯封堵不通流。在每个方格内，箭头两端或符号"⊥"和"⊤"与方格的交点数为油口的通路数。所以有几个交点就表示几通阀。

（3）常态位。三位阀的中间一格及二位阀侧面画有弹簧的那一方格为常态位，也就是阀芯在原始状态（即为施加控制信号以前的原始位置）下的通路状况。在画液压系统图时，油路与换向阀的连接一般应画在常态位方格上，同时，在常态位上应标出油口的代号。

（4）控制与操纵。控制方式和复位弹簧的符号应画在方格的两端，是图形符号的重要部分。

换向阀的结构原理图和图形符号如表 4.1.2 所示。

表 4.1.2　换向阀的结构原理图及图形符号

名称	结构原理图	图形符号	名称	结构原理图	图形符号
二位二通换向阀			二位五通换向阀		
二位三通换向阀			三位四通换向阀		
二位四通换向阀			三位五通换向阀		

3. 换向阀的中位机能及其特点

对于三位换向阀处于中间位置（常态位置）时，阀内各油口的连通方式，称为换向阀的中位机能（或称滑阀机能）。不同的中位机能，可以满足液压系统的不同要求，表4.1.3所示为常见的三位四通、三位五通换向阀的中位机能的形式、滑阀状态和符号。由表4.1.3可以看出，不同中位机能是通过改变阀芯的凸肩结构、轴向尺寸和内部通孔来得到的。

表 4.1.3 三位换向阀的中位机能

机能代号	结构原理图	中位图形符号、机能特点与作用
O	T(T1) A P B T(T2)	O 型滑阀
P	T(T1) A P B T(T2)	P 型滑阀
H	T(T1) A P B T(T2)	H 型滑阀
Y	T(T1) A P B T(T2)	Y 型滑阀
M	T(T1) A P B T(T2)	M 型滑阀

4. 换向阀的操纵方式

1）手动换向阀

手动换向阀是用手动杠杆操纵或脚踏操纵控制方法，改变阀芯工作位置的换向阀，有二位二通、二位四通和三位四通等多种形式。

图4.1.3所示为三位四通手动换向阀的结构图和图形符号，用手操纵杠杆即可使阀芯相对阀体移动，改变工作位置：当向左拉动手柄时，阀芯右移，P通B，A通T；当向右拉动手柄时，阀芯左移，P通A，B通T（经阀芯中心孔）；如果放松手柄，则阀芯在右边弹簧力作用下自动恢复到中位，A、B、P、T四口互不相通。图4.1.3（a）为弹簧钢球定位式，它可使阀芯在三个位置定位；图4.1.3（b）为弹簧自动复位式。手动换向阀适用于动作频繁、工作持续时间短的场合，其操作比较安全，常用在工程机械的液压传动系统中。

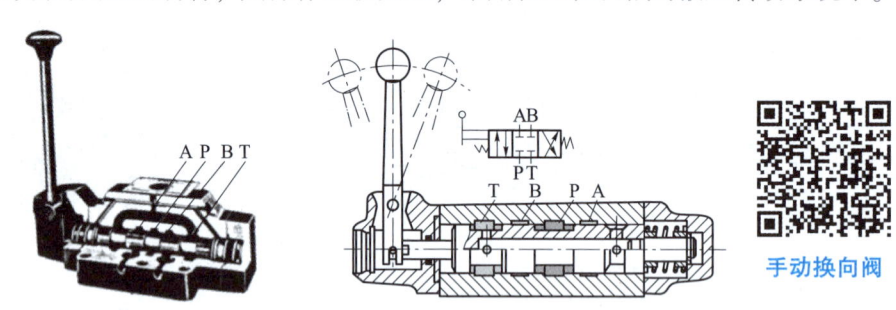

图 4.1.3　三位四通手动换向阀
（a）弹簧钢球定位式；（b）弹簧自动复位式

2）机动换向阀

机动换向阀也叫行程换向阀，它是利用安装在液压设备运动部件上的撞块或凸轮推动阀芯移动来控制液流的方向，如图4.1.4所示。机动换向阀通常是二位的，有二通、三通、四通、五通几种。机动换向阀工作原理及特点：

工作原理：靠行程挡块推动阀芯实现换向。

特点：动作可靠，改变挡块斜面角度便可改变换向速度。

应用：经常用于机床液压系统的速度换接回路中。

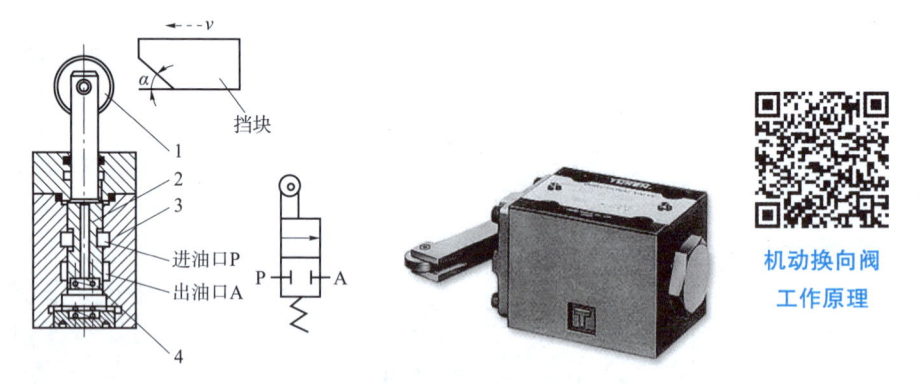

图 4.1.4　机动换向阀
1—滚轮；2—阀芯；3—阀体；4—弹簧

3）电磁换向阀

电磁换向阀是利用电磁铁吸合产生的推力去推动阀芯换位，实现油路通断或切换的换向阀。它是电气系统与液压系统之间的信号转换元件，它的电气信号由液压设备中的按钮开关、限位开关、行程开关等电气元件发出，从而可以使液压系统方便地实现各种操作及自动顺序动作。

如图 4.1.5 所示，当左端电磁铁通电时，该电磁铁吸合，并推动阀芯向右移动，P 和 A 连通，B 和 T 连通。当其断电后，右端复位弹簧的作用力可使阀芯回到中间位置，恢复四个油腔相互封闭的状态。当右端电磁铁通电时，其衔铁将通过推杆推动阀芯向左移动，P 和 B 连通，A 和 T 连通。电磁铁断电时，阀芯则在左弹簧的作用下回到中间位置。

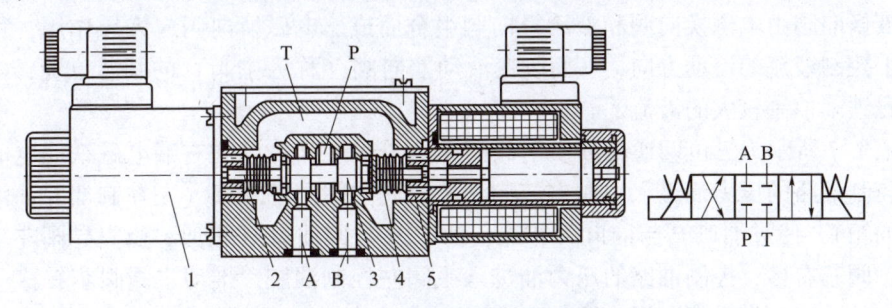

图 4.1.5　三位四通电磁换向阀
1—电磁铁；2—推杆；3—阀芯；4—弹簧；5—挡圈

三位四通电磁阀（结构）　　三位四通电磁阀原理

电磁阀由于控制方便，所以在各种液压设备中获得广泛应用。但由于电磁铁吸力的限制，电磁阀只适宜用于流量不大的场合。

4）液动换向阀

由于电磁换向阀是用电信号进行操纵，所以不论操纵位置远近，控制起来都很方便，但当通过滑阀流量较大、阀芯行程较长、换向速度要求可调时，采用电磁换向阀就不适宜了，这时就可采用液动换向阀。液动换向阀是用直接压力控制方法改变阀芯工作位置的换向阀。

图 4.1.6 所示为三位四通液动换向阀的工作原理图。

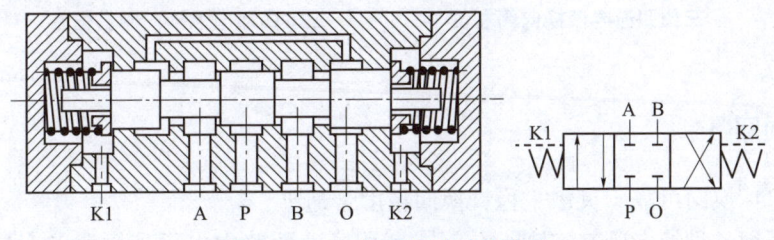

图 4.1.6　三位四通液动换向阀

在中位时，P、A、B、O 互不相通，当控制油路的压力油从控制油口 K1 进入滑阀的左腔时，阀芯被推向右端，右端油腔的油液经控制口 K2 流向油箱，这时 P 与 A 相通，B 与 O 相通。当控制油路的压力油从控制油口 K2 进入滑阀的右腔时，阀芯被推向左端，左端油腔的油液经控制口 K1 流向油箱，这时 P 与 B 相通，A 与 O 相通，实现了油路换向。当两个控制油口 K1、K2 都不通压力油时，阀芯在两端弹簧的作用下，恢复到中间位置。

液动换向阀结构简单，动作可靠、平稳，换向速度易于控制，由于液压驱动力大，因而可用于大流量的液压系统。

5）电液换向阀

电液换向阀是用间接压力控制（又称先导控制）方法改变阀芯工作位置的换向阀。

电液换向阀由电磁换向阀和液动换向阀组合而成。电磁换向阀起先导作用，称为先导阀，用来控制液流的流动方向，从而改变液动换向阀（称为主阀）的阀芯位置，实现用较小的电磁铁来控制较大的液流。

图 4.1.7 所示为三位四通电液换向阀的图形符号。当先导阀右端电磁铁通电时，阀芯左移，控制油路的压力油进入主阀右控制油腔，使主阀阀芯左移（左控制油腔油液经先导阀泄回油箱），使进油口 P 与油口 A 相通，油口 B 与回油口 O 相通；当先导阀左端电磁铁通电时，阀芯右移，控制油路的压力油进入主阀左控制油腔，推动主阀阀芯右移（主阀右控制油腔的油液经先导阀泄回油箱），使进油口 P 与油口 B 相通，油口 A 与回油口 O 相通，实现换向。

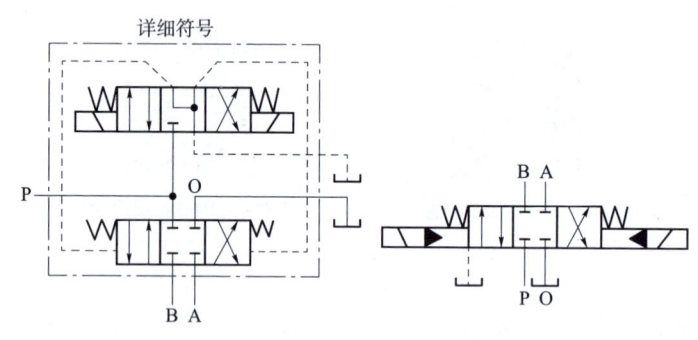

图 4.1.7 三位四通电液换向阀图形符号

三位四通电液换向阀左位　　　三位四通电液换向阀右位

二、换向回路

基本要求：换向可靠、灵敏平稳，换向精度合适。

一般可采用各种换向阀来实现，在闭式容积高速回路中也可利用双向变量泵控制油流的方向来实现液压缸（或液压马达）的换向。

单作用液压缸可以采用二位三通换向阀进行换向，如图 4.1.8 所示。图 4.1.9 所示的回路为双作用液压缸的换向回路。回路中采用三位四通 O 型中位机能的普通电磁换向阀来控制液压缸的换向。电磁铁 1YA 得电时，油液压力推动活塞向右运动；电磁铁 2YA 得电时，油液压力推动活塞向左运动；电磁铁1YA、2YA都失电，即为中位，此时液压缸停止运动，液压泵供出的油液通过油路中的溢流阀流回油箱。双作用液压缸一般都可采用二位四通（或五通）及三位四通（或五通）换向阀来进行换向，按不同用途还可选用各种不同的控制方式的换向回路。

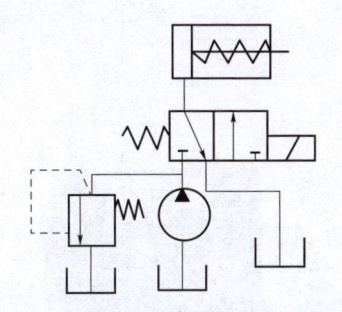

图 4.1.8　单作用液压缸的换向回路 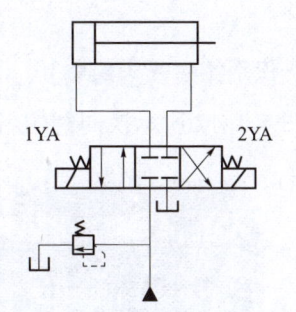　　　图 4.1.9　双作用液压缸的换向回路

【任务实施】

步骤一：识别换向阀的图形符号（辨符号）

请写出图 4.1.10 所示换向阀图形符号的名称。

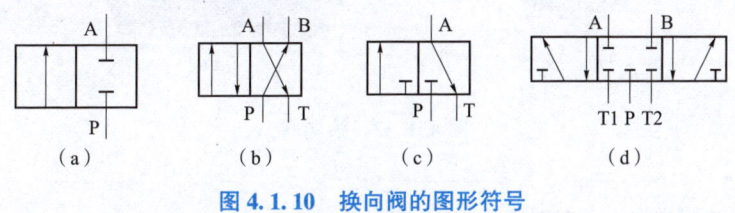

图 4.1.10　换向阀的图形符号

(a) _____；(b) _____；(c) _____；(d) _____

步骤二：掌握换向阀的工作原理（懂原理）

给图 4.1.11 所示回路选择合适的换向阀。

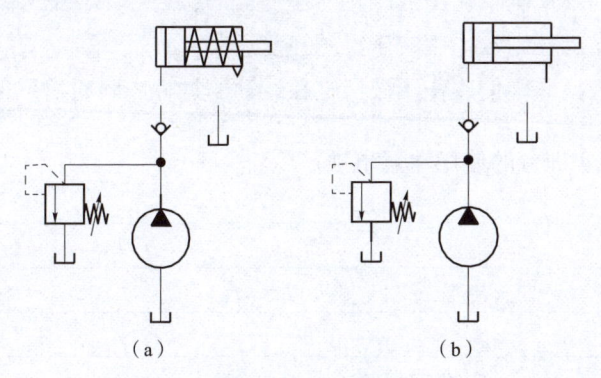

图 4.1.11　回路

图 4.1.11（a）选＿＿＿＿＿；图 4.1.11（b）选＿＿＿＿＿。

| A | B | C | D |

步骤三：识别实物（识实物）

请写出图 4.1.12 所示换向阀的名称。

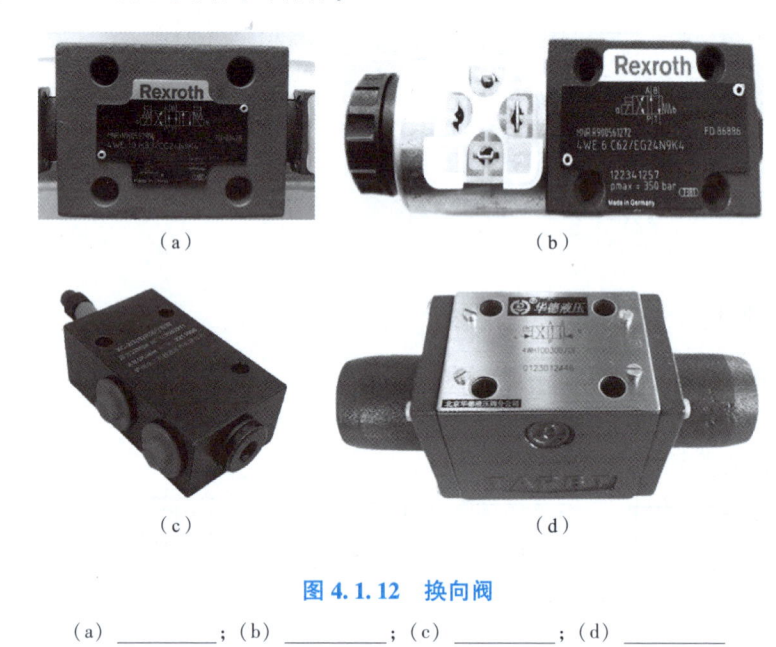

（a）　　　（b）

（c）　　　（d）

图 4.1.12　换向阀

（a）＿＿＿＿；（b）＿＿＿＿；（c）＿＿＿＿；（d）＿＿＿＿

步骤四：换向回路的设计与搭建（搭回路）

实训要求

1. 用手动换向阀控制单作用液压缸的往复运动；
2. 用电磁换向阀控制双作用液压缸的往复运动；
3. 选择合适的换向阀使双作用液压缸在运动的过程中随时可以停止。

（1）请写出液压实训台的使用注意事项。

_____

_____

_____

（2）填写如表 4.1.4 所示实训记录表。

表 4.1.4 实训记录表

序号	实训要求描述	选用元件	对应图形符号
1			
2			
3			

记录在实训过程中发现的问题及解决措施。

_____

_____

_____

（3）上传搭建回路视频到教学平台。

步骤五：换向回路原理图绘制与分析（绘原理）

（1）请画出用手动换向阀控制单作用液压缸的往复运动的回路原理图，并分析其工作过程。

工作原理图：

原理分析：
_____
_____
_____
_____
_____
_____
_____

（2）请画出用电磁换向阀控制双作用液压缸的往复运动的回路原理图，并分析其工作过程。

工作原理图：

原理分析：
_____
_____
_____
_____
_____
_____
_____

（3）请选择合适的换向阀使双作用液压缸在运动的过程中随时可以停止，并画出回路原理图，分析其工作过程。

工作原理图：

原理分析：
_____
_____
_____
_____
_____
_____
_____

步骤六：挖掘机手臂伸缩控制回路的设计、搭建与调试

（1）绘制挖掘机手臂伸缩控制回路的原理图。

工作原理图：

（2）搭建与调试挖掘机手臂伸缩控制回路，并上传搭建回路视频到教学平台。

【任务总结】

请扫码完成本次工作的任务评价表。

任务评价表

【知识拓展】

请扫码查看完成拓展任务的知识锦囊。

气动控制元件和气动换向回路

【拓展任务实施】

步骤一：识别实物（识实物）

请写出图 4.1.13 所示换向阀的名称。

(a)　　　　　　　　(b)　　　　　　　　(c)

(d)　　　　　　　　(e)

图 4.1.13　换向阀

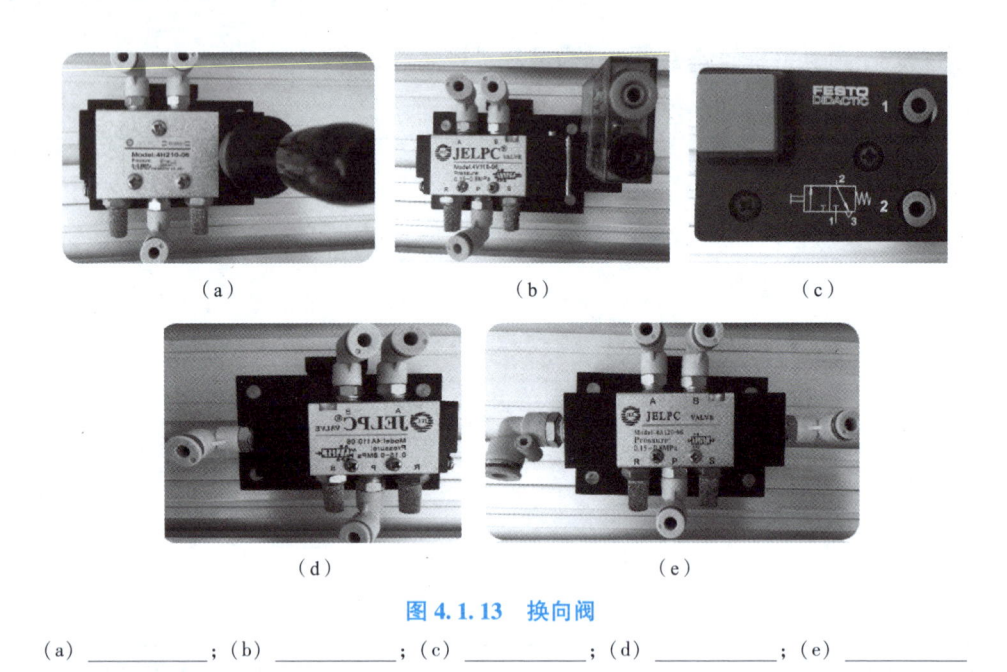

(a)　　　　　；(b)　　　　　；(c)　　　　　；(d)　　　　　；(e)　　　　　

步骤二：绘制图形符号（绘符号）

在表 4.1.5 中画出下列换向阀的图形符号。

表 4.1.5　换向阀的图形符号

序号	名称	图形符号
1	二位三通电磁换向阀	
2	二位四通单气控换向阀	
3	三位四通中位机能为 O 型的双电磁换向阀	

步骤三：换向回路的设计与搭建（搭回路）

实训要求

1. 用手动换向阀控制单作用气缸的往复运动；
2. 用电磁换向阀控制双作用气缸的往复运动；
3. 用机动换向阀控制双作用气缸的往复运动；
4. 用单气控换向阀控制双作用气缸的往复运动。

(1) 请写出气动实训台的使用注意事项：

_____

_____

(2) 填写如表 4.1.6 所示实训记录表。

表 4.1.6　实训记录表

序号	实训要求描述	选用元件	对应图形符号
1			
2			
3			
4			

记录在实训过程中发现的问题及解决措施。

_____

_____

（3）上传搭建回路视频到教学平台。

步骤四：换向回路原理图绘制与分析（绘原理）

（1）请画出用手动换向阀控制单作用气缸的往复运动的回路原理图，并分析其工作过程。

工作原理图：

原理分析：

_____

_____

_____

_____

_____

（2）请画出用电磁换向阀控制双作用气缸的往复运动的回路原理图，并分析其工作过程。

工作原理图：

原理分析：

_____

_____

_____

_____

_____

（3）请画出用机动换向阀控制双作用气缸的回路原理图，并分析其工作过程。

工作原理图：

原理分析：

_____

_____

_____

_____

_____

（4）请画出用单气控换向阀控制双作用气缸的回路原理图，并分析其工作过程。

工作原理图：

原理分析：
_____
_____
_____
_____
_____
_____

【拓展任务总结】

请扫码完成本次工作的任务评价表。

任务评价表

【博闻强识】

请扫码观看超级工程之港珠澳大桥。

超级工程之港珠澳大桥

子任务二　汽车起重机支腿锁紧回路的搭建

【任务导读】

位于天安门广场中央的"祝福祖国"巨型大花篮整体花篮高 18 m，篮盘直径 12 m。与往年不同的是，2023 年的广场花篮首次加入了象征丰收的五谷元素，体现了花团锦簇、五谷丰登的繁荣景象，如图 4.2.0 所示。

图 4.2.0　巨型花篮

天安门巨型花篮钢结构总重 245 t，插好花的篮盘重约 60 t，吊装的最大难度就在于篮盘与篮肚的完美合拢。借助 300 t 起重机高效吊装的助力，直径达 12 m 的巨大篮盘在不到 2 个小时的时间里，就被精准地安装在了篮肚中，在吊装的过程中，起重机展现出精准、稳定、高效的性能优势，有力确保了篮盘与篮肚的完美对接。

在起重机作业过程中，支腿是如何可靠地锁定而不受外界的影响而发生漂移或窜动的呢？汽车起重机支腿锁紧回路该如何搭建？

【任务目标】

【知识目标】
1. 掌握单向阀和液控单向阀的工作原理和图形符号；
2. 掌握锁紧回路的工作原理。

【能力目标】
1. 会正确使用单向阀和液控单向阀；
2. 能够根据要求完成液压锁紧回路的设计与搭建。

【素质目标】
1. 能够增强安全操作意识，做到安全操作；
2. 能够相互沟通与协作、学会举一反三、分析问题并解决问题；
3. 任务完成后，能进行自我评估并提出改进措施。

【任务资讯】

一、单向阀

单向阀的主要作用是控制油液的单向流动。液压系统对单向阀的主要性能要求是：正向流动阻力损失小，反向时密封性能好、动作灵敏。它主要分为普通单向阀和液控单向阀两种。

1. 普通单向阀

普通单向阀通常简称单向阀,只允许油液向一个方向流动,而不允许反向流动,所以又称逆止阀或止回阀。

单向阀应用最多的是锥式单向阀,如图4.2.1所示。而锥式单向阀按进、出油口油流的方向不同又有:直通式和直角式两种结构。图4.2.1(a)为直通式单向阀的进、出油口在同一轴线上,只有管式连接;图4.2.1(b)为直角式单向阀,进、出油流的方向相对于阀芯来讲是直角布置的。图4.2.1(c)为该阀的图形符号。

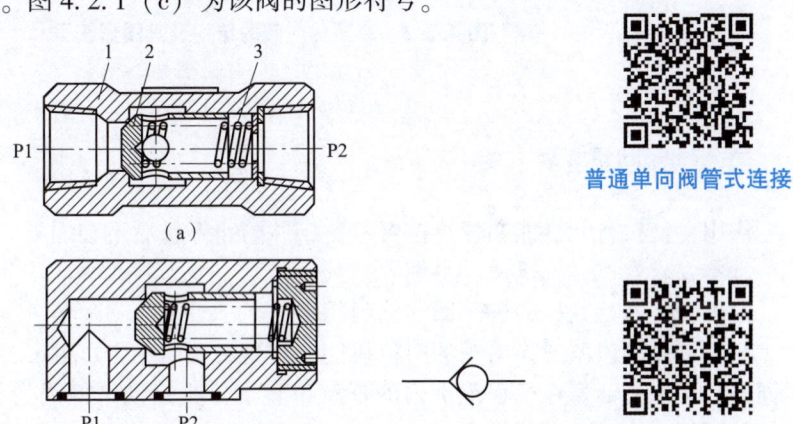

图4.2.1 单向阀及其图形符号

(a) 直通式;(b) 直角式;(c) 图形符号
1—阀体;2—阀芯;3—弹簧

当油液从进油口P1流入时,克服弹簧3的阻力和阀芯2与阀体1之间的摩擦力,顶开锥形阀芯2,再从出油口P2流出。而当油液从相反方向流入时,在弹簧力和油液压力的作用下,阀芯2紧紧地被压在阀座上,液流被截止。

单向阀中的弹簧主要用于克服阀芯的摩擦力和惯性力,使阀芯复位快,工作灵敏可靠,同时也要求在油液通过阀时不产生过大的压力损失,所以开启压力(打开阀的最小压力)很小,为0.035~0.05 MPa。做背压阀使用时,开启压力为0.1~0.4 MPa,因此只要更换单向阀的弹簧即可成为背压阀。

2. 液控单向阀

液控单向阀是一种加液压控制信号后可反向流动的单向阀,如图4.2.2所示。图4.2.2(a)为液控单向阀的结构,当控制口K处无液压油通入时,它的工作和普通单向阀一样,液压油只能从进油口P1流向出油口P2,不能反向流动。当控制口K处有液压油通入时,控制活塞1右侧a腔通泄油口(图中未画出),在液压力作用下活塞向右移动,推动顶杆2顶开阀芯,使油口P1和P2接通,油液就可以从P2口流向P1口。在图示形式的液控单向阀结构中,K处通入的控制压力最小须为主油路压力的30%~50%,图4.2.2(b)为其图形符号。

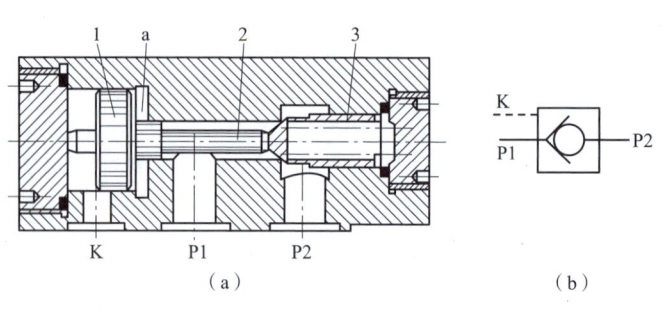

图 4.2.2 液控单向阀的结构及其图形符号
(a) 结构；(b) 图形符号
1—活塞；2—顶杆；3—阀芯

二、锁紧回路

作用：使执行元件能在任意位置停留，并防止停止后不会因外力作用而移动其位置。
基本要求：可靠、迅速、平衡、持久。
原理：将执行元件的进、回油路封闭。

一般利用三位四通换向阀的中位机能（O 型或 M 型），如图 4.2.3 所示采用换向阀的锁紧回路，可以使活塞在行程范围内的任意位置上停止运动。但因滑阀的内泄漏较大，执行元件仍可能产生一定漂移或窜动，锁紧效果较差。故只能用于对锁紧性能要求不高、停留时间不长的液压系统中。

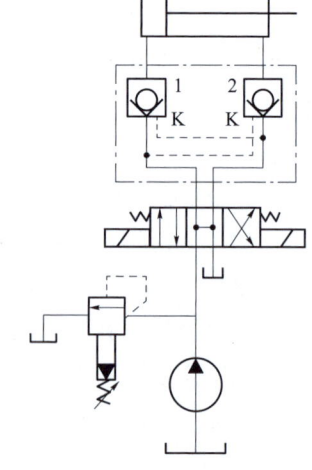

图 4.2.4 采用液控单向阀的锁紧回路。在液压缸的进、回油路中都串接液控单向阀（又称液压锁），活塞可以在行程的任何位置锁紧。其锁紧精度只受液压缸内少量的内泄漏影响，因此，锁紧精度较高。采用液控单向阀的锁紧回路，换向阀的中位机能应使液控单向阀的控制油液卸压（换向阀采用 H 型或 Y 型）。此时，液控单向阀便立即关闭，活塞停止运动。假如采用 O 型机能，在换向阀中位时，液控单向阀由于控制腔压力油被闭死而不能立即关闭，直至换向阀的内泄漏使控制腔泄压后，液控单向阀才能关闭，影响其锁紧精度。锁紧回路常用于汽车起重机的支腿油路和飞机起落架的收放油路上。

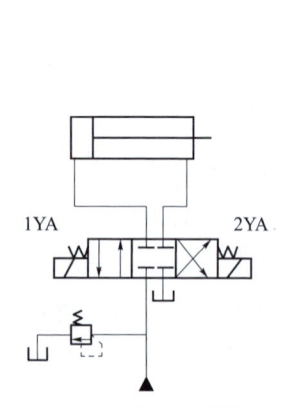

图 4.2.3 采用换向阀的锁紧回路

图 4.2.4 采用液控单向阀的锁紧回路

锁紧回路

【任务实施】

步骤一：识别图 4.2.5 所示液压元件（识元件）

请写出图 4.2.5 所示液压元件的名称。

(a)

(b)

(c)

(d)

(e)

(f)

图 4.2.5　液压元件

(a) _____ ；(b) _____ ；(c) _____ ；(d) _____ ；(e) _____ ；(f) _____

步骤二：液压基本回路的设计与搭建（搭回路）

实训要求

1. 用单向阀搭建一个具有背压的回路；
2. 选择合适的液压控制阀搭建汽车起重机支腿锁紧回路。

（1）请写出液压实训台的使用注意事项：

_____

_____

_____

（2）填写如表 4.2.1 所示实训记录表。

表 4.2.1 实训记录表

序号	实训要求描述	选用元件	对应图形符号
1			
2			

记录在实训过程中发现的问题及解决措施。

_____

_____

（3）上传搭建回路视频到教学平台。

步骤三：液压基本回路原理图绘制与分析（绘原理）

（1）请绘制步骤二中搭建的第一个回路的原理图，并分析其工作过程。

工作原理图：   　　　　　　　原理分析：

_____

_____

_____

_____

_____

（2）绘制步骤二中搭建的第二个回路的原理图，并分析其工作过程。

工作原理图：

原理分析：
_____
_____
_____
_____
_____

【任务总结】

请扫码完成本次工作的任务评价表。

任务评价表

【知识拓展】

请扫码查看完成拓展任务的知识锦囊。

单向型方向控制阀

【拓展任务实施】

步骤一：识别图 4.2.6 所示气压元件（识元件）

请写出图 4.2.6 所示气压元件的名称。

(a)　　　　　　　　　　(b)

图 4.2.6　气压元件

(a) _____ ；(b) _____

（c） （d）

图 4.2.6　气压元件（续）

（c）_____；（d）_____

步骤二：识别回路图 4.2.7 和图 4.2.8 中标注的元件的图形符号（辨符号）

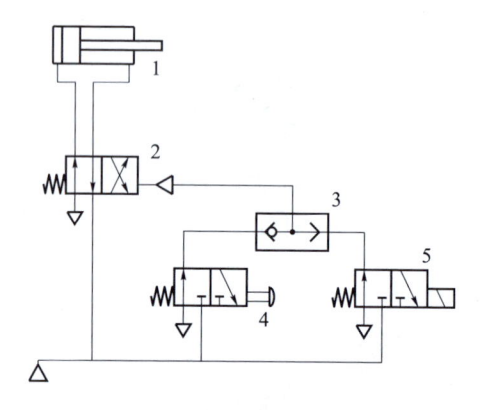

图 4.2.7　回路（1）

1:_____；2:_____；3:_____；4:_____；5:_____

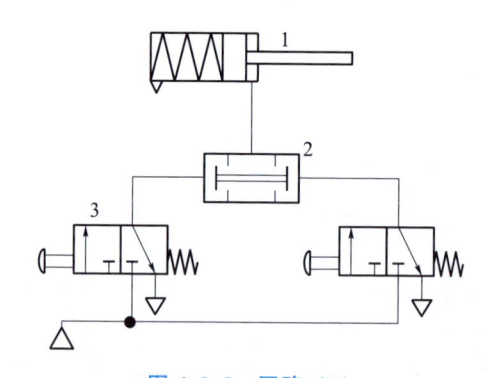

图 4.2.8　回路（2）

1:_____；2:_____；3:_____

步骤三：分析图 4.2.9 和图 4.2.10 所示回路的基本原理（析原理）

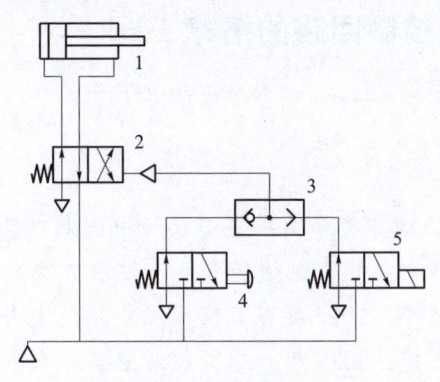

图 4.2.9　回路原理（1）

原理分析：
_____
_____
_____
_____
_____

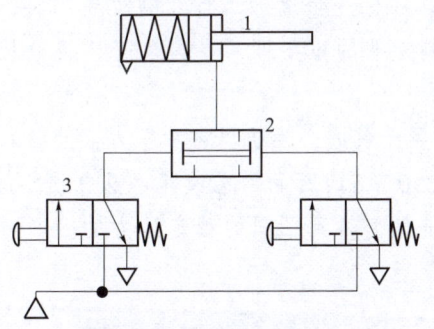

图 4.2.10　回路原理（2）

原理分析：
_____
_____
_____
_____
_____

步骤四：回路的搭建与调试（搭回路）

根据气压基本回路图，完成图 4.2.9 和图 4.2.10 两个回路的搭建与调试，并上传搭建回路视频到教学平台。

【拓展任务总结】

请扫码完成本次工作的任务评价表。

任务评价表

【博闻强识】

请扫码观看西昌卫星发射塔。

西昌卫星发射塔

子任务三　冲床液压控制回路的搭建

【任务导读】

制造业是一个国家经济发展的基石，也是增强国家竞争力的基础，《中国制造2025》统筹考虑我国制造业发展的国际国内环境和基础条件，根据加快转变经济发展方式和走新型工业化道路的总体要求，提出实施"三步走"战略，2025年基本实现工业化，中国制造业迈入制造强国行列，进入世界制造业强国第二方阵；2035年，中国制造业整体水平达到中等发达国家水平，成为制造业领域的领军者；2045年，制造大国地位更加巩固，综合实力进入世界制造强国前列，如图4.3.0（a）所示。冲床是金属加工行业的重要工具，用于对金属板材或卷材进行切割和成型，因其对我国制造业的重要性，中国政府已将数控精密冲床行业提高到了战略性位置。

冲床通过一组模具（分上模与下模），将材料置于其间，由机器施加压力，使材料产生塑性变形，而得到所要求的形状与精度，如图4.3.0（b）所示。在液压冲床工作过程中，加工不同材料所需最高压力不同。那么液压冲床是如何得到不同的稳定压力的呢？冲床液压控制回路该如何搭建？

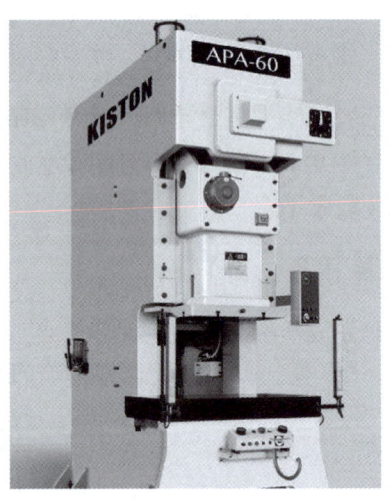

（a）　　　　　　　　　　　　（b）

图4.3.0　中国制造和冲床

【任务目标】

【知识目标】

1. 掌握溢流阀的工作原理和图形符号；
2. 掌握调压回路的工作原理。

【能力目标】
1. 会正确使用溢流阀；
2. 能够根据要求完成液压调压回路的设计与搭建。

【素质目标】
1. 能够增强安全操作意识，做到安全操作；
2. 能够相互沟通与协作，学会举一反三、分析问题并解决问题；
3. 任务完成后，能进行自我评估并提出改进措施。

【任务资讯】

一、溢流阀

液压系统工作时，液压泵必须向系统提供与负载相适应的压力油，为使系统压力保持稳定或限制系统压力不超过某个调定值，应在系统中设置溢流阀，如图4.3.1所示。

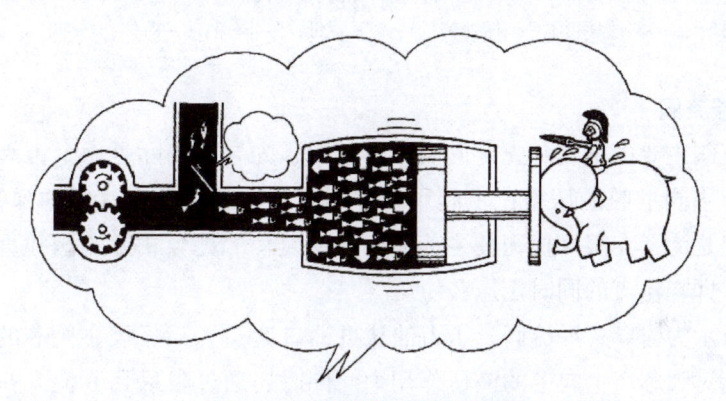

图 4.3.1　溢流阀的作用示意图

溢流阀是通过对油液的溢流，使液压系统的压力维持恒定，从而实现系统的稳压、调压、限压和安全。根据结构的不同，液压系统中常用的溢流阀有直动式和先导式两种。

1. 直动式溢流阀

图4.3.2（a）所示为直动式溢流阀结构图。P是进油口，T是回油口，压力油由P口进入阀体，并经阻尼孔a进入阀芯7的下端油腔。设阀芯7下端的有效面积为A，压力油作用于阀芯底部的液压力为p_A，调压弹簧3的作用力为F_s。当进油压力较小时，阀芯在弹簧3的作用下处于下端位置，将P和T两油口隔开。当油液压力升高，在阀芯下端所产生的作用力超过弹簧的预紧力F_s时，阀芯上升，阀口被打开，将多余油液排回油箱（溢流），进油口压力p不再升高，阀芯停止在某一平衡位置上。

若用直动式溢流阀控制较高压力时，就需换用刚度较大的弹簧，而刚度较大的弹簧调节起来比较困难，油压波动较大，因此，直动式溢流阀一般只用于低压小流量系统或作为先导阀使用。

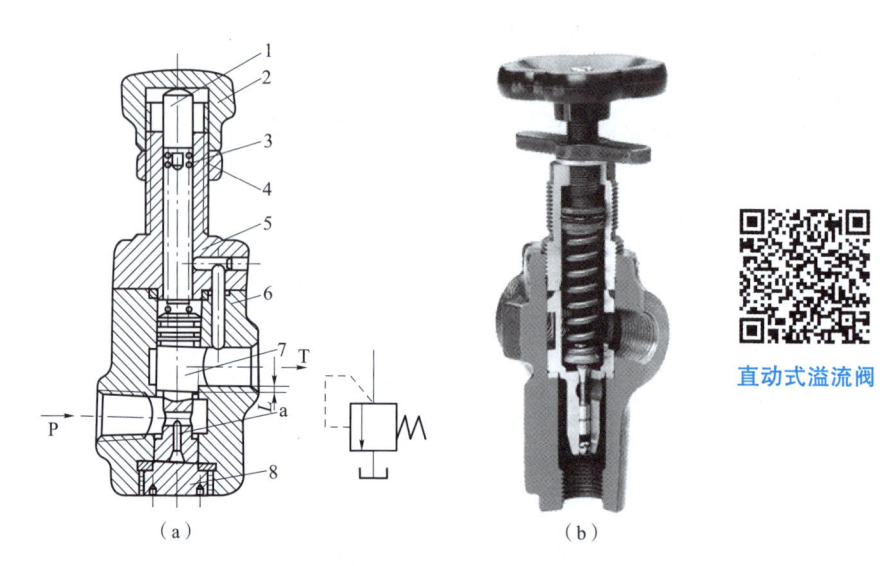

图 4.3.2 直动式溢流阀
（a）结构图；（b）实物图
1—调节杆；2—调节螺帽；3—调压弹簧；4—锁紧螺母；5—阀盖；6—阀体；7—阀芯；8—底盖

2. 先导式溢流阀

先导式溢流阀主要由主阀和先导阀两部分组成，先导阀实际是一个锥阀形的直动式溢流阀，用于调节主阀上腔的压力；主阀用于控制主油路的溢流，其中的弹簧为平衡弹簧，其刚度较小，只是为了克服摩擦力使主阀阀芯及时复位。先导式溢流阀和直动式溢流阀的作用是相同的，即在溢流的同时定压和稳压。

图 4.3.3 所示为先导式溢流阀。压力油从进油口 P 进入后，经主阀芯的 a 孔流入主阀芯的下腔 A，并对阀芯产生向上的液压作用力。同时还通过阻尼孔 b 流入并充满主阀芯的上腔 B，然后流入先导阀阀芯右腔，并作用在主阀芯的上端和先导阀阀芯 c 的锥面上。当压力较低时，作用在先导阀锥阀上的压力不足以克服调压弹簧力，先导阀处于关闭状态，此时没有压力油通过主阀芯上的阻尼孔流动，故主阀芯上、下两腔压力相等，主阀芯在弹簧力的作用下轻轻地顶在阀座上，压力油进油口 P 和溢流口 T 不通。如果压力口压力升高到超过先导阀开启压力时，先导阀打开，压力油经主阀阀芯上的阻尼孔 b、孔 d 和先导阀，从回油口（溢流口）T 流回油箱。由于压力油通过阻尼孔流动时会产生压力降，因此主阀阀芯的上腔油压力小于下腔油压力，使主阀芯上、下两腔的压力差对主阀形成向上的液压作用力，但由于先导阀泄漏量小，该向上液压作用力仍小于弹簧的作用力。

当进油压力继续升高时，先导阀阀口的开度加大，泄油量增多，通过阻尼孔的流量增加，则阻尼孔压力降增大，致使主阀芯上、下两腔的油压力差所形成的向上的液压力升高超过弹簧的预紧力和主阀阀芯的摩擦阻力及主阀阀芯自重等力的总和，主阀阀芯上移，使压力油进口 P 和溢流口 T 相通，大量压力油便由溢流口流回油箱。此后，溢流阀进油口压力不再升高，此时溢流阀的进油口压力 p 即为主阀的开启压力；主阀芯处于某一平衡位置，并维持压力恒定。如果调节螺母，改变调压弹簧的预紧力，溢流阀进油口压力（即调定压力）也随之变化。更换不同刚度的调压弹簧，便能得到不同的调压范围。

先导式溢流阀调节压力较大，稳压性能优于直动式溢流阀，但其灵敏度要低于直动式溢流阀。

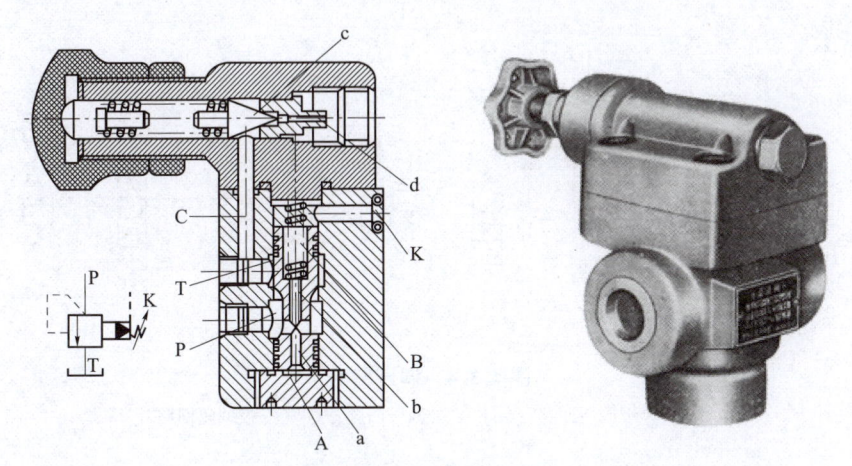

图 4.3.3　先导式溢流阀

在先导式溢流阀的主阀阀体上有一个遥控口（又称远程调压口）K，采用不同的控制方式，可以使先导式溢流阀实现不同的功能。例如，将远程调压口 K 通过管道接到一个远程调压阀（远程调压阀的结构和先导式溢流阀的先导阀部分相同）上，并且远程调压阀的调整压力小于先导阀的调整压力，则溢流阀的进口压力就由远程调压阀决定，从而通过使用远程调压阀可以实现对液压系统的远程调压。

二、调压回路

液压系统工作时，液压泵必须向系统提供与负载相适应的压力油，为使系统压力保持稳定或限制系统压力不超过某个调定值，应在系统中设置调压回路。在定量泵系统中，液压泵的供油压力可以通过溢流阀来调节。在变量泵系统中，用安全阀来限定系统的最高压力，防止系统过载。若系统中需要两种以上的压力，则可采用多级调压回路。

1. 单级调压回路

如图 4.3.4（a）所示，通过液压泵 1 和溢流阀 2 的并联连接，即可组成单级调压回路。通过调节溢流阀的压力，可以改变泵的输出压力。当溢流阀的调定压力确定后，液压泵就在溢流阀的调定压力下工作，从而实现了对液压系统的调压和稳压控制。

2. 二级调压回路

图 4.3.4（b）所示为二级调压回路，该回路可实现两种不同的系统压力控制。但要注意：阀 4 的调定压力一定要小于阀 2 的调定压力，否则不能实现调压。

3. 多级调压回路

图 4.3.4（c）所示为三级调压回路，三级压力分别由溢流阀 1、2、3 调定，在这种调压回路中，阀 2 和阀 3 的调定压力要低于主溢流阀的调定压力，而阀 2 和阀 3 的调定压力之间没有一定的关系。

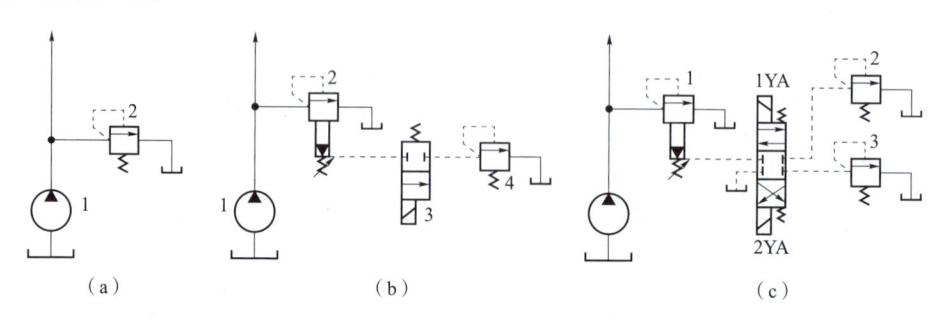

图 4.3.4 调压回路

(a) 单级调压回路；(b) 二级调压回路；(c) 三级调压回路

单级调压回路　　　二级调压回路　　　多级调压回路

【任务实施】

步骤一：识别图 4.3.5 中的液压元件（识元件）

请写出图 4.3.5 所示液压元件的名称。

图 4.3.5 液压元件

(a) _____；(b) _____；(c) _____

步骤二：识别回路图中标注的元件的图形符号（辨符号）

请写出图 4.3.6 和图 4.3.7 所示回路中标注的元件图形符号的名称。

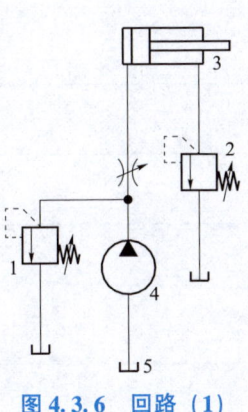

1: _____ ;

2: _____ ;

3: _____ ;

4: _____ ;

5: _____ 。

图 4.3.6　回路（1）

1: _____ ;

2: _____ ;

3: _____ ;

4: _____ 。

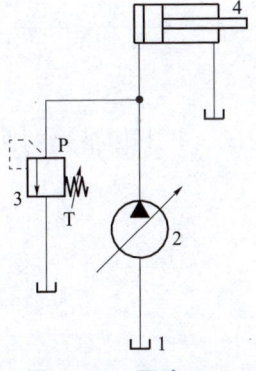

图 4.3.7　回路（2）

步骤三：分析回路的基本原理及图中溢流阀的作用（析原理）

请写出图 4.3.8 和图 4.3.9 所示回路的原理及溢流阀的作用。

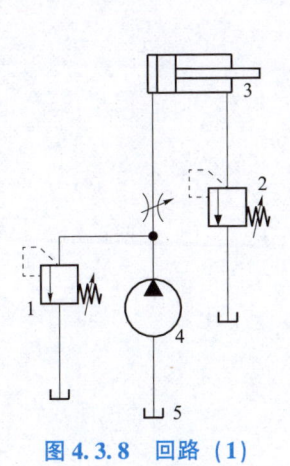

原理分析：

_____

_____

_____

溢流阀的作用：

_____

_____

_____

图 4.3.8　回路（1）

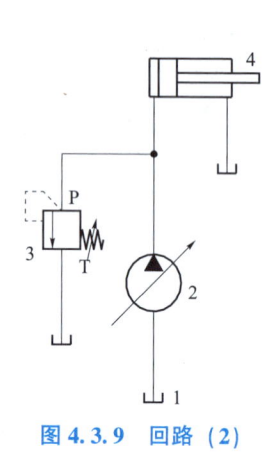

原理分析：

图 4.3.9　回路（2）

溢流阀的作用：

步骤四：回路的搭建与调试（搭回路）

请完成液压冲床实现三种不同材料加工的回路的搭建与调试，并上传搭建的回路视频到教学平台。

【任务总结】

请扫码完成本次工作的任务评价表。

任务评价表

【知识拓展】

请扫码查看完成拓展任务的知识锦囊。

气压溢流阀和气源压力控制回路

【博闻强识】

请扫码观看中国首台真三轴六面顶液压机的诞生。

突破封锁！中国首台真三轴六面顶液压机在桂林诞生

子任务四　钻床液压控制回路的搭建

【任务导读】

明朝罗颀所著《物原》中记载："史佚始作辘轳。"史佚是周代初期史官，说明在那个时候已经出现了辘轳。到春秋时期，辘轳已经广泛应用于农业灌溉和日常生活中。考古学家现已发现，公元前4000年，人类就发明了打孔用的"弓辘轳"，它由燧石钻头、钻杆、窝座和弓弦等组成，如图4.4.0所示。往复拉动弓弦便可使钻杆转动，这样就能在木头、石块上打孔了，这便是古代的钻床。

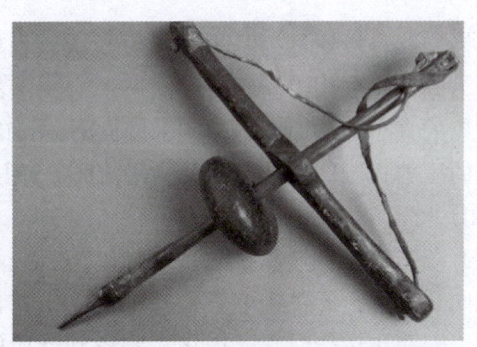

图4.4.0　弓辘轳

到了1850年前后，德国人马蒂格诺尼最早制成了用于金属打孔的麻花钻；1862年在英国伦敦召开的国际博览会上，英国人惠特沃斯展出了由动力驱动的铸铁柜架的钻床，这便成了近代钻床的雏形。

以后，各种钻床接连出现，有摇臂钻床、备有自动进刀机构的钻床、能一次同时打多个孔的多轴钻床等。

如图4.4.1所示专用自动钻床，一按开关就可重复自动完成从送料到钻孔的全过程。那么液压钻床要完成的工作循环是什么？要完成这个工作循环液压控制回路又该如何搭建？

图4.4.1　自动钻床加工工位结构简图

【任务目标】

【知识目标】

1. 掌握减压阀、顺序阀、压力继电器的工作原理和图形符号；
2. 掌握减压回路、顺序动作回路的工作原理。

【能力目标】
1. 会根据实际需要正确选用压力控制阀；
2. 能够根据要求完成液压控制回路的设计与搭建。

【素质目标】
1. 能够增强安全操作意识，做到安全操作；
2. 能够相互沟通与协作、学会举一反三、分析问题并解决问题；
3. 任务完成后，能进行自我评估并提出改进措施。

【任务资讯】

一、压力控制阀

压力控制阀是指通过控制油液压力高低或利用压力变化来实现某种动作的阀，简称压力阀。压力阀都是利用液体压力对阀芯产生的液压作用力与弹簧力相平衡的原理，来自动调节阀开口的大小，从而实现控制系统压力的目的。

常见的压力控制阀按功用可分为溢流阀、减压阀、顺序阀和压力继电器等。

1. 减压阀

液压系统工作时，液压泵向系统提供与负载相适应的压力油。当液压系统中，常有一个液压泵向几个执行元件供油，且其中之一需要比泵工作压力低的稳定压力，同时其他的执行元件仍需高压运作时，就得在需要得到低压的执行元件所在油路上串联一个减压阀来实现。

在液压系统中，使其出口压力降低且恒定的减压阀称为定压（定值）减压阀，简称减压阀；使其进口压力与出口压力之差恒定的减压阀称为定差减压阀；使其进口压力与出口压力之比恒定的减压阀称为定比减压阀。最常用的是定压减压阀，这里只介绍定压减压阀，它有直动式和先导式两种，先导式性能较好，应用较多。

图4.4.2所示为减压阀的结构原理、图形符号及实物。压力为 p_1 的液压油，从阀的进油口 A 流入，经减压口 f 减压后，压力降为 p_2，再由出油口 B 流出。同时，出口液压油经主阀芯内的径向孔和轴向孔引入主阀芯的左腔和右腔，并以出口压力作用在先导阀锥上。当出口压力未达到先导阀的调定值时，先导阀关闭，主阀芯左右两腔压力相等，主阀芯在弱弹簧作用下处于最左端，减压口开度 x 为最大值，压降最小，阀处于非工作状态。当出口压力升高并超过先导阀的调定值时，先导阀被打开，主阀弹簧腔的油便由泄油口 Y 流回油箱。由于主阀芯的阻尼孔会产生压力差，主阀芯便在此压力差作用下克服弹簧阻力右移，使减压口开度 x 值减小，压降增大，使出口压力降低，直至达到先导阀调定的数值为止。反之，当出口压力减小时，主阀芯左移，减压口开大、压降减小，使出口压力回升到调定值。可见，当减压阀出口压力受其他因素影响而变化时，它将会自动调整减压口开度，从而保持调定的出口压力值不变，故称定值输出减压阀，简称减压阀。

2. 顺序阀

在液压系统中，除了需要进行压力的调控外，还常常需要根据油路压力的变化来控制执行元件之间的动作顺序，这时就要使用顺序阀。

(a)   (b)   (c)

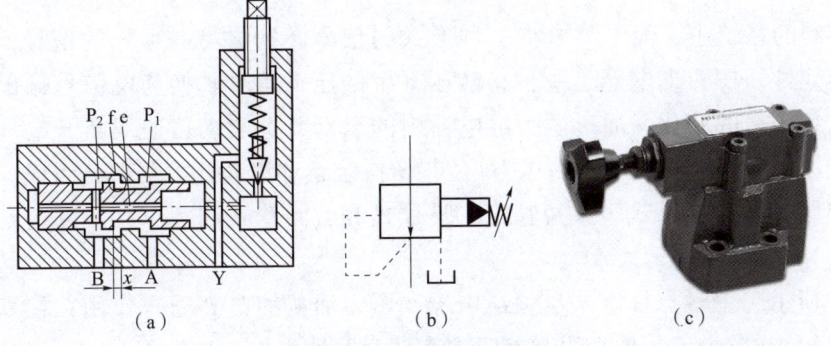

图 4.4.2 　先导式减压阀

(a) 结构原理；(b) 图形符号；(c) 实物

先导式减压阀

顺序阀是使用在一个液压泵供给两个以上液压缸且依一定顺序动作的场合的一种压力阀。顺序阀从结构上可分为直动式和先导式两种，目前较常用的为直动式；从控制方式上可分为内控式和外控式。

直动式顺序阀的结构如图 4.4.3（a）所示，其结构和工作原理都与直动式溢流阀相似。压力油自进油口 P1 进入阀体，经阀芯中间小孔流入阀芯底部油腔，对阀芯产生一个向上的液压作用力。

当油液的压力较低时，液压作用力小于阀芯上部的弹簧力，在弹簧力作用下，阀芯处于下端位置，P1 和 P2 两油口被隔断，即处于常闭状态。

当油液的压力升高到作用于阀芯底部的液压作用力大于调定的弹簧力时，在液压作用力的作用下，阀芯上移，进油口 P1 与出油口 P2 相通，压力油液自 P2 口流出，可控制另一执行元件动作。图 4.4.3（b）所示为直动式顺序阀的图形符号。

(a)   (b)

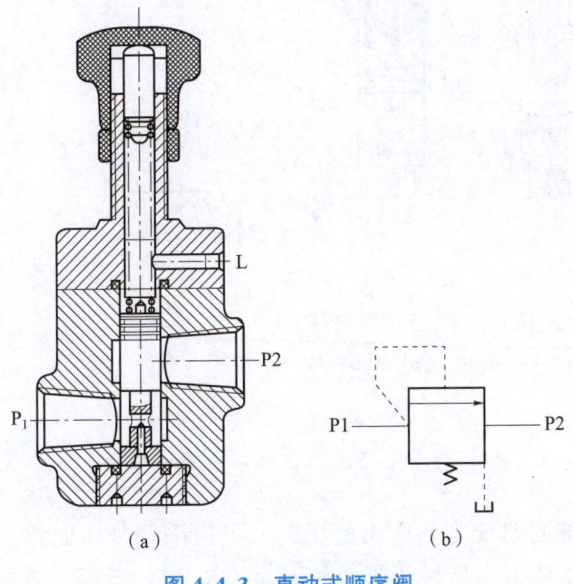

图 4.4.3 　直动式顺序阀

(a) 结构；(b) 图形符号

直动式顺序阀

3. 压力继电器

在电液结合控制的系统中，经常需要将一种形式的信号转换成另一形式的信号，这时就需要信号转换元件。压力继电器是一种将液压系统的压力信号转换为电信号输出的元件。根据液压系统压力的变化，通过压力继电器内的微动开关自动接通或断开电气线路，实现油路要求。任何压力继电器都由压力-位移转换装置和微动开关两部分组成。压力继电器按结构特点可分为柱塞式、弹簧管式、膜片式和波纹管式四类，其中以柱塞式最常用。

图4.4.4（a）所示为单触点柱塞式压力继电器。压力油从油口P通入作用在柱塞底部，其压力达到弹簧的预紧力时，便克服弹簧阻力和柱塞摩擦力推动柱塞上升，通过顶杆触动微动开关发出信号。限位挡块可在压力超载时保护微动开关。当液压力小于弹簧预紧力时，微动开关触头复位。开启时，柱塞上移所受到的摩擦力的方向与压力的方向相反，闭合时则相同，显然，压下微动开关触头的压力（开启压力）比微动开关复位的压力（闭合压力）大，存在的差值称为通断调节区。通断调节区间要有 $F_S + A_3 \cdot P_3 = (A_1 + A_2)P_2$ 足够的数值，否则，系统有压力脉动时，压力继电器发出的电信号会时断时续。为此，有的产品在结构上可人为地调整摩擦力的大小，使通断调节区间的数值可调。此差值对压力继电器的正常工作是必要的，但不宜过大。图4.4.4（b）所示为压力继电器图形符号。

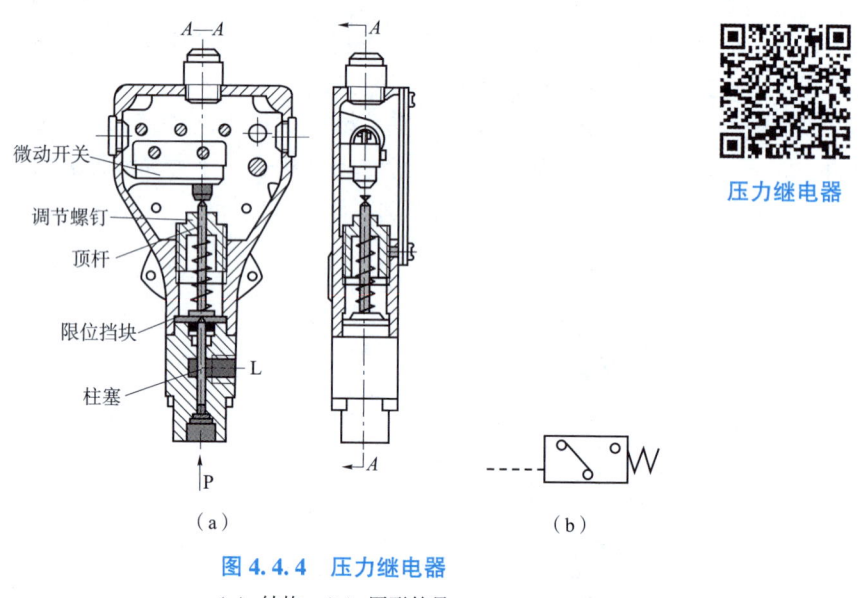

压力继电器

图 4.4.4　压力继电器
（a）结构；（b）图形符号

二、减压回路

当泵的输出压力是高压而局部回路或支路要求低压时，可以采用减压回路。减压回路较为简单，一般是在所需低压的支路上串接减压阀。如图4.4.5（a）所示，单向阀用于当主油路压力低于减压阀的调定压力时，防止油液倒流，起短时保压作用。在减压回路中，也可以采用类似两级或多级调压的方法获得两级或多级减压，如图4.4.5（b）所示，利用先导式减压阀 1 的远控口接一远控溢流阀 2，则可由阀 1、阀 2 各调定一种低压，但要注意阀 2 的调定压力值一定要低于阀 1 的调定压力值。

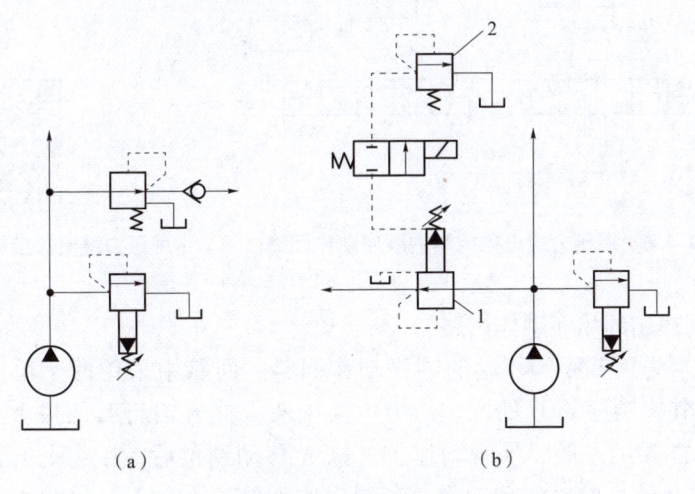

图 4.4.5　减压回路

1—先导式减压阀；2—远控溢流阀

减压回路　　　　　　二级减压回路

三、顺序动作回路

顺序动作回路的功用是使多缸液压系统中的各个液压缸严格地按规定的顺序动作。按控制方式不同，顺序动作回路可分为压力控制和行程控制两大类。

1. 压力控制顺序动作回路

压力控制就是利用油路本身的压力变化来控制液压缸的先后动作顺序，它主要利用压力继电器和顺序阀来控制顺序动作。

1）用压力继电器控制的顺序回路

图 4.4.6 所示为用压力继电器控制的顺序动作回路。两液压缸的顺序动作是通过压力继电器对两个电磁换向阀的操纵来实现的。压力继电器的动作压力应高于前一动作最高工作压力，以免产生误动作。其动作原理如下：当电磁铁 1YA 通电后，压力油进入缸 A 左腔，其活塞右移实现动作①；当缸 A 到达终点后系统压力升高使压力继电器 1 动作，并使电磁铁 3YA 通电，此时压力油进入缸 B 左腔，缸 B 活塞右移实现动作②。同理，当电磁铁 3YA 断电，电磁铁 4YA 通电时，压力油开始进入缸 B 右腔，使其活塞先向左退回实现动作③；而当缸 B 退回到原位后，压力继电器 2 开始动作，并使电磁铁 1YA 断电、2YA 通电，此时压力油进入缸 A 右腔，使其活塞最后向左退回实现动作④。

图 4.4.6 用压力继电器控制的顺序动作回路

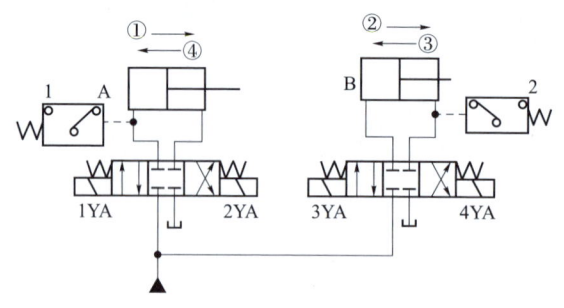

用压力继电器控制的顺序动作回路

2）用顺序阀控制的顺序动作回路

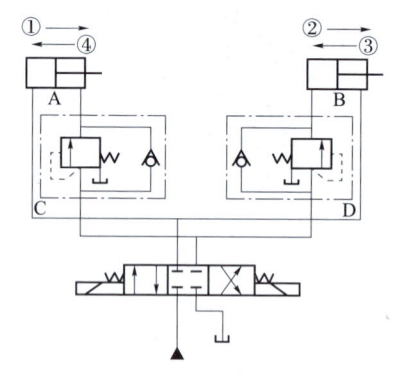

图 4.4.7 所示为用顺序阀控制的顺序动作回路。回路中采用两个单向顺序阀控制液压缸顺序动作，其中顺序阀 D 的调定压力值大于液压缸 A 右行时的最大工作压力，故压力油先进入液压缸 A 的左腔，实现动作①。缸 A 移动到位后，压力上升，直到打开顺序阀 D 进入液压缸 B 的左腔，实现动作②。换向阀切换至右位后，过程与上述相同，先后完成动作③和④。顺序阀的调定压力应比前一个动作的工作压力高出 1 MPa 左右（中低压阀约 0.5 MPa），否则顺序阀因系统压力脉动易造成误动作。

图 4.4.7 用顺序阀控制的顺序动作回路

用顺序阀控制的顺序动作回路

这种回路动作灵敏，安装连接较方便，但可靠性不高，位置精度低，适用于液压缸数目不多、负载变化不大的场合。

2. 行程控制顺序动作回路

行程控制顺序动作回路是利用工作部件到达一定位置时，发出信号来控制液压缸的先后动作顺序，它可以利用行程开关、行程阀或顺序缸来实现。

图 4.4.8 所示为利用电气行程开关发信号来控制电磁阀先后换向的顺序动作回路。其动作顺序是：按启动按钮，电磁铁 1DT 通电，缸 1 活塞右行；当挡铁触动行程开关 2XK，使 2DT 通电，缸 2 活塞右行；缸 2 活塞右行至行程终点，触动 3XK，使 1DT 断电，缸 1 活塞左行；而后触动 1XK，使 2DT 断电，缸 2 活塞左行。至此完成了缸 1、缸 2 的全部顺序动作的自动循环。采用电气行程开关控制的顺序回路，调整行程大小和改变动作顺序均很方便，且可利用电气互锁使动作顺序可靠。

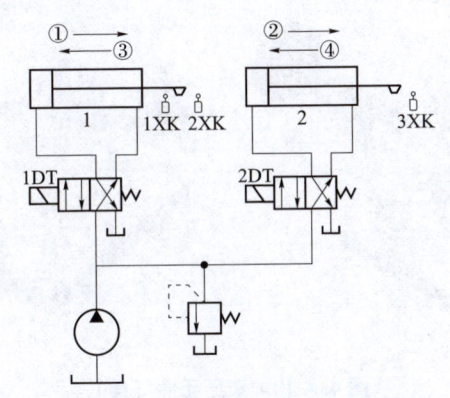

图 4.4.8　行程开关控制的顺序回路

【任务实施】

步骤一：识别下列元件的图形符号（辨符号）

请写出图4.4.9所示图形符号的名称。

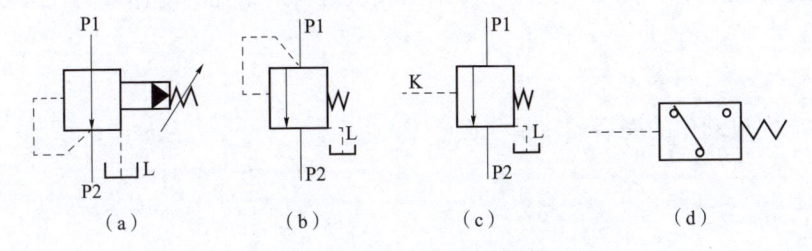

图 4.4.9　元件的图形符号

(a) _____；(b) _____；(c) _____；(d) _____

步骤二：识别下图中的液压元件（识元件）

请写出图4.4.10所示液压元件的名称。

图 4.4.10　液压元件

(a) _____；(b) _____

(c) 　　　　　　　　；(d) 　　　　　　　　

图 4.4.10　液压元件（续）

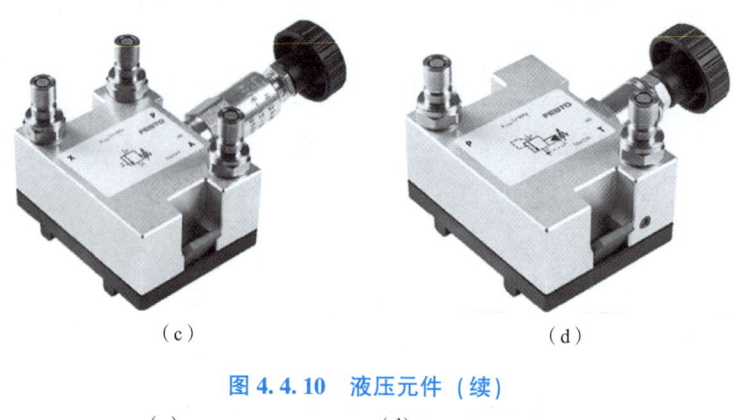

步骤三：分析液压钻床完成的工作循环（析原理）

一按开关，钻床就可重复自动完成从送料到钻孔的全过程。请以小组为单位分析钻床整个动作的工作循环。

（1）钻床液压系统需要几个执行元件来完成从送料到钻孔的动作？为什么？

（2）钻床完成动作的先后顺序是什么？

（3）根据上面的分析，试写出钻床动作的工作循环。

步骤四：设计钻床的液压控制回路

（1）试分析步骤三中涉及的钻床的每个动作都需要哪些元件来实现，并填表 4.4.1。

表 4.4.1　钻床元件

序号	钻床动作	选用元件	对应图形符号
1			

续表

序号	钻床动作	选用元件	对应图形符号
2			
3			

（2）尝试绘制钻床完成每个动作的液压基本回路，并填表 4.4.2。

表 4.4.2　钻床液压基本回路

序号	钻床动作	液压基本回路
1		
2		

续表

序号	钻床动作	液压基本回路
3		

（3）尝试绘制钻床完成整个工作循环的液压控制系统，并分析其工作过程。

液压控制系统图：

原理分析：

步骤五：搭建钻床的液压回路（搭回路）

上传搭建回路视频到教学平台。

【任务总结】

请扫码完成本次工作的任务评价表。

任务评价表

【知识拓展】

请扫码查看完成拓展任务的知识锦囊。

气压减压阀、顺序阀和二次压力控制回路

【博闻强识】

请扫码观看"蓝鲸1号"：使用最先进的全液压提升钻井系统。

"蓝鲸1号"：使用最先进的全液压提升钻井系统

子任务五　数控机床刀盘回转液压控制回路的搭建

【任务导读】

制造业是国民经济的主体，是立国之本、兴国之器、强国之基。机床作为"工业之母"，是一个国家制造业水平高低的象征。随着电子信息技术的发展，世界机床业已进入了以数字化制造技术为核心的机电一体化时代，其中数控机床就是代表产品之一。

数控机床是一种高效能的，装有程序控制系统的自动化机床，能较好地解决复杂、精密、小批量、多品种的零件加工问题，代表着现代机床控制技术的发展方向。

高端数控机床的技术水平是衡量一个国家核心制造能力的标准之一。2023年，中国机床以 1 823 亿元的生产额拿下了世界第一。有的机床的定位精度已经达到了 0.005 mm，未来还要向 0.001 mm 的高度迈进。

如图 4.5.0 所示，以 MJ-50 数控车床为例，机床加工时卡盘夹紧与松开，回转刀架的夹紧与松开，刀架刀盘的正转与反转等都是由液压系统驱动的。根据工作要求，刀架刀盘转动时，其速度必须能够调节，那么数控机床刀架刀盘的转动是由谁带动的？刀盘回转的液压控制回路又该如何搭建？

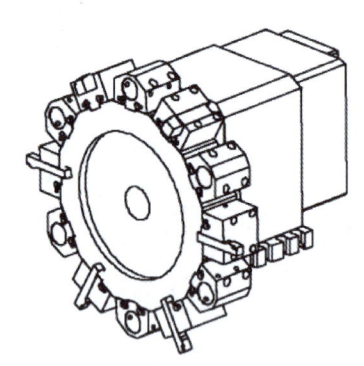

图 4.5.0　数控机床

【任务目标】

【知识目标】

1. 掌握各流量控制阀的工作原理和图形符号；
2. 掌握调速回路的工作原理。

【能力目标】

1. 会根据实际需要正确选用流量控制阀；
2. 能够根据要求完成液压调速回路的设计与搭建。

【素质目标】

1. 能够增强安全操作意识，做到安全操作；
2. 能够相互沟通与协作、学会举一反三、分析问题并解决问题；
3. 任务完成后，能进行自我评估并提出改进措施。

【任务资讯】

一、流量控制阀

流量控制阀是用于控制液压系统流量的液压阀，简称流量阀，如图 4.5.1 所示，它是通过改变阀口过流断面面积来调节输出流量，从而控制执行元件运动速度的控制阀。常用的流量阀有节流阀、调速阀等。

1. 节流阀

节流阀是根据节流口流量特性原理所做出的，图 4.5.2 所示为节流阀的结构，液压油从进油口 P1 流入，经节流口从出油口 P2 流出。这种节流阀的节流通道呈轴向三角沟槽式。

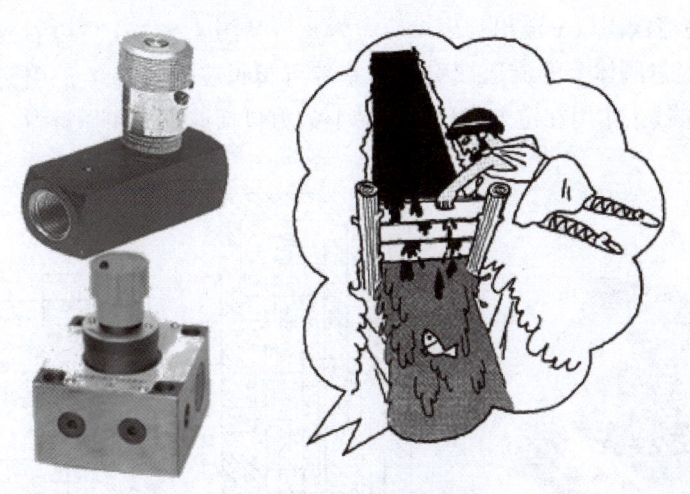

图 4.5.1 流量控制阀

阀芯在弹簧的作用下始终贴紧在推杆上。调节手柄,借助推杆可使阀芯做轴向移动,改变节流口的节流面积的大小,从而改变流量大小以达到调速的目的。图 4.5.2 中油压平衡用孔道在于减小作用于手柄上的力,使滑轴上、下油压平衡。

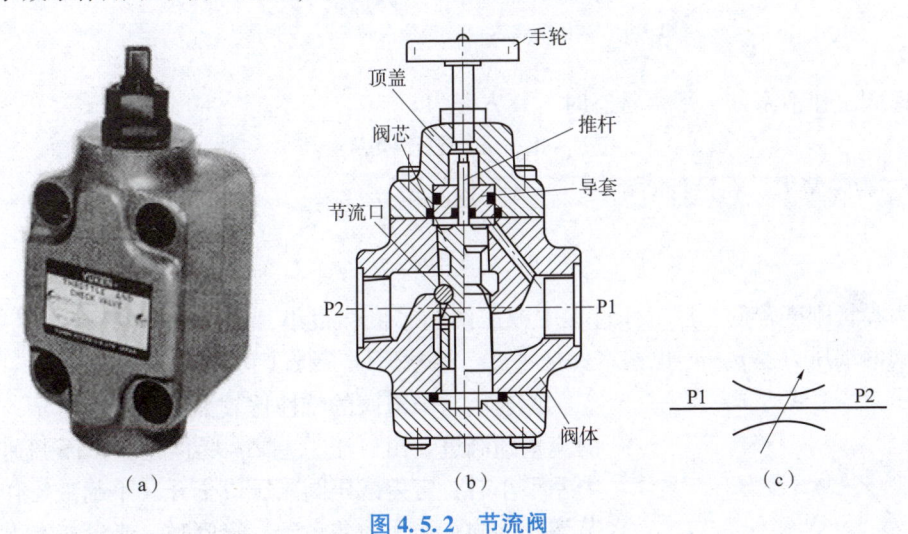

图 4.5.2 节流阀
(a) 实物;(b) 结构;(c) 图形符号

节流阀结构简单、制造容易、体积小。但负载和温度变化对流量稳定性影响大,因此,只适用于负载和温度变化不大或速度稳定性要求低的液压系统。

2. 调速阀

调速阀是由定差减压阀与节流阀串联而成的组合阀。节流阀用来调节通过的流量,定差减压阀则自动补偿负载变化的影响,始终保持节流阀前后的压差为定值,消除了负载变化对流量的影响。

图 4.5.3 所示为调速阀的结构原理图。调速阀进油口压力为 p_1,由泵出口处的溢流阀调定,基本保持恒定。压力油进入调速阀,先经过定差减压阀的阀口 x(压力由 p_1 减至

p_2),然后经过节流阀阀口 y 流出,出口压力为 p_3。从图 4.5.3 中可以看到,节流阀进、出口压力 p_2 和 p_3 经过阀体上的流道被引到定差减压阀阀芯的两端(p_3 引到阀芯弹簧端,p_2 引到阀芯无弹簧端),作用在定差减压阀阀芯上的力包括液压力和弹簧力。

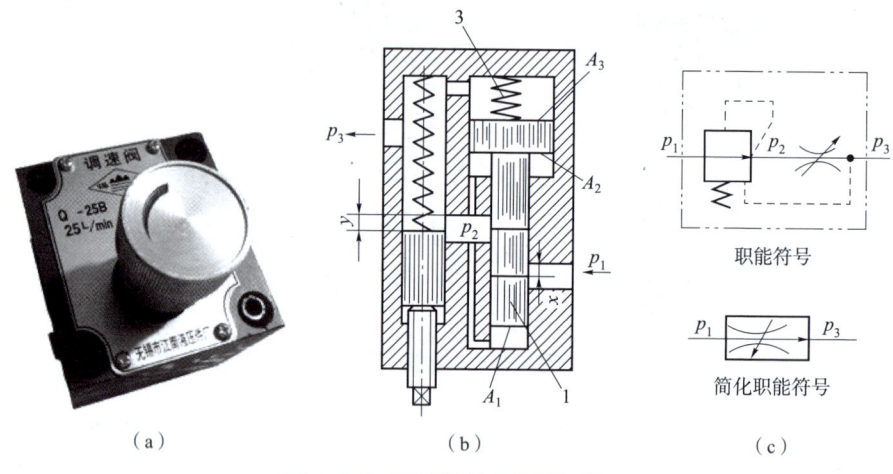

图 4.5.3 调速阀的结构原理图
(a)实物;(b)结构;(c)图形符号
1—定差减压阀阀芯;2—节流阀阀芯;3—弹簧

调速阀工作活塞处于平衡状态时,其方程为

$$F_s + A_3 \cdot p_3 = (A_1 + A_2) p_2 \tag{4-1}$$

式中,F_s 为弹簧力。在设计时确定 $A_3 = A_1 + A_2$,故

$$p_2 - p_3 = \Delta p = \frac{F_s}{A} \tag{4-2}$$

因为弹簧刚度较低,且工作过程中减压阀阀芯位移很小,可以认为 F_s 基本保持不变,故节流阀两端压力差 $p_2 - p_3$ 也基本保持不变,这就保证了通过节流阀的流量稳定。

调速阀与节流阀的特性比较如图 4.5.4 所示。节流阀的流量随阀进、出口压力差 Δp 变化较大。而调速阀在压力差很小时,定差减压阀减压口全开,不起减压作用,与节流阀相同;当压力差大于一定值时,流量基本不变。

因此调速阀适用于负载变化较大、速度控制精度高、速度平稳性要求较高的液压系统。例如,各类组合机床、车床、铣床等设备的液压系统常用调速阀调速。

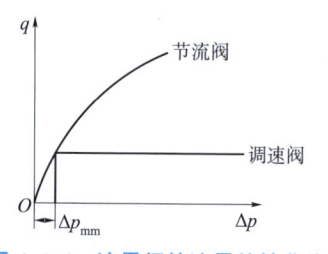

图 4.5.4 流量阀的流量特性曲线

二、调速回路

调速回路的功能在于通过某种方式改变执行元件的速度,以满足不同工况下执行元件对速度的要求。液压系统的调速方法通常有以下两种:节流调速回路、容积调速回路。

1. 节流调速回路

节流调速回路由流量控制阀、溢流阀和定量泵组成。它通过改变流量控制阀的通流面积,来控制和调节进入或流出执行元件的流量,达到调速的目的。

节流调速的形式有多种，按流量控制阀在回路中的安装位置不同，可以分为进油节流调速回路、回油节流调速回路和旁路节流调速回路三种调速方式；按流量控制阀的不同，又可以分为节流阀的节流调速回路和调速阀的节流调速回路。

1) 进油节流调速回路

这种回路将流量控制阀设置在执行元件的进油路上，如图 4.5.5（a）所示。工作时通过节流阀来调节进入液压缸的流量，以达到控制液压缸速度的目的，同时定量泵排出的多余油液经溢流阀溢流回油箱。此回路中溢流阀的作用是：调定液压泵的出口压力等于溢流阀的调定压力，并基本保持恒定。

根据该回路的特点可知，进油节流调速回路适用于低速、轻载、负载变化不大和对速度刚性要求不高的场合。

2) 回油节流调速回路

这种回路将流量控制阀设置在执行元件的回油路上，如图 4.5.5（b）所示。工作时通过节流阀来调节液压缸的回油流量，从而间接控制进入液压缸的流量，以达到控制液压缸速度的目的，同时定量泵排出的多余油液经溢流阀溢流回油箱。此回路中溢流阀的作用是：调定液压泵的出口压力等于溢流阀的调定压力，并基本保持恒定。

由于流量控制阀的安放位置不同，两种回路存在一些区别，比较分析可知：

（1）对于回油节流调速回路，由于节流阀安装在回油路上，使液压缸回油腔有一定的背压，因此运动平稳性好，且可承受一定的负值负载；而进油节流调速回路要具备上述功能，就必须在回油路上加装背压阀，但这样做会使回路的功率损耗增加。

（2）对于回油节流调速回路，油液经节流阀所产生的热量直接排回油箱，散热方便；而进油节流调速回路的这部分热量则随着油液进入液压缸，不利于散热，影响油液的性能和液压缸的泄漏。

总之，进、回油节流调速回路都具有低速、轻载时速度刚性好的特点，但由于同时存在溢流和节流两部分功率损失，所以效率低，因此只适用于低速、轻载和小功率的场合。

3) 旁路节流调速回路

这种调速回路将流量控制阀设置在与执行元件并联的支路上，如图 4.5.5（c）所示，用节流阀来调节流回油箱的流量，以间接控制进入液压缸的流量，从而达到调速的目的。在此回路中，溢流阀常闭作安全阀用，只在回路过载时打开，起过载保护作用。

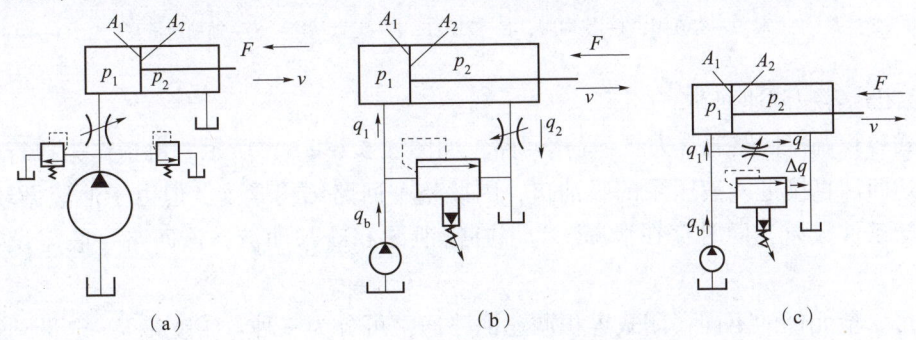

图 4.5.5 节流调速回路

（a）进油节流调速回路；（b）回油节流调速回路；（c）旁路节流调速回路

旁路节流调速回路适用于负载变化小和相对运动平稳性要求不高的高速大功率场合。

2. 容积调速回路

容积调速回路是通过改变回路中液压泵或液压马达的排量来实现调速的。其主要优点是功率损失小（没有溢流损失和节流损失）且其工作压力随负载变化，所以效率高、油的温度低，适用于高速、大功率系统。

按油路循环方式不同，容积调速回路有开式回路和闭式回路两种。开式回路中泵从油箱吸油，执行机构的回油直接回到油箱，油箱容积大，油液能得到较充分冷却，但空气和脏物易进入回路。闭式回路中，液压泵将油输出进入执行机构的进油腔，又从执行机构的回油腔吸油。闭式回路结构紧凑，只需很小的补油箱，但冷却条件差。

1）开式容积调速回路

开式容积调速回路通常设计为泵-缸回路。如图4.5.6（a）所示，回路中没有节流调速元件，通过改变液压泵的流量，对液压缸进行调速，液压缸的回油直接流回油箱，在回路中溢流阀作安全阀用，限定系统的最高压力，只在过载时打开，起安全保护作用。

这种回路结构简单，油液在油箱中冷却充分，发热量小，单油箱体积较大，并且由于是开式系统，空气和杂质容易混入，从而使系统的可靠性降低，影响正常工作。

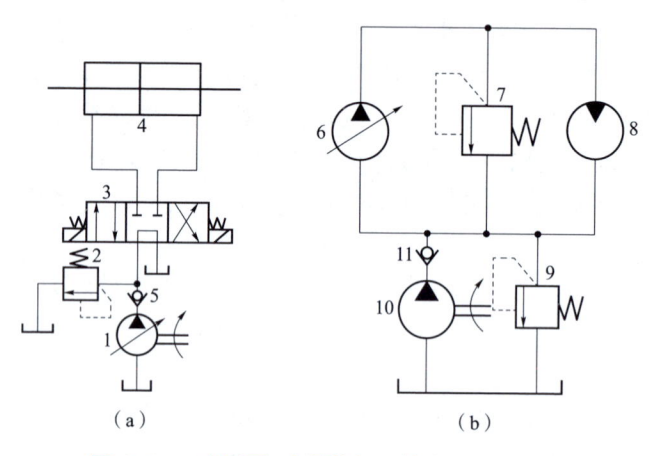

图4.5.6 变量泵-定量执行元件容积调速回路
(a) 泵-缸回路；(b) 泵-马达

1，6—变量泵；2，7，9—溢流阀；3—换向阀；4—液压缸；8—定量马达；10—辅助定量泵；5，11—单向阀

2）闭式容积调速回路

闭式容积调速回路通常为泵-马达回路，如图4.5.6（b）所示。由于作为执行元件的液压马达回油直接进入液压泵的吸油口，因此整个回路结构紧凑，但由于油液循环使用，所以冷却条件较差，同时存在泄漏。为了补偿泄漏和冷却油液，该回路一般需设置补油装置。

根据变量元件的不同，闭式容积调速回路通常可分为三种：①变量泵-定量马达容积调速回路；②定量泵-变量马达容积调速回路；③变量泵-变量马达容积调速回路。

(1) 变量泵-定量马达容积调速回路。

图 4.5.6 (b) 所示为变量泵-定量马达容积调速回路,该回路是利用变量泵的排量的变化来调速的。为补充回路中的泄漏而设置了补油装置。辅助定量泵 10 用于补偿变量泵 6 和定量马达 8 的泄漏,其供油压力由溢流阀 9 来调定。辅助泵与溢流阀使低压管路始终保持一定压力,不仅改善了主泵的吸油条件,而且可置换部分发热油液,降低系统温升。一般辅助定量泵 10 的流量为变量泵 6 最大流量的 10%～15%。由于变量泵 6 的吸油口处具有一定的压力,所以可避免空气侵入和出现空穴现象。封闭回路中的高压管路上连有溢流阀可起到安全阀的作用,以防止系统过载,单向阀 11 在系统停止工作时可以起到防止封闭回路中的油液和空气侵入的作用。定量马达 8 的转速是通过改变变量泵 6 的输出流量来调节的。

这种容积调速回路,液压泵的转速和液压马达的排量都为常数,液压泵的供油压力随负载增加而升高,其最高压力由安全阀来限制。在该回路中马达的输出转速、输出的最大功率都与变量泵的排量成正比,输出的最大转矩恒定不变,故称这种回路为恒转矩调速回路,由于其排量可调得很小,因此其调速范围较大。

(2) 定量泵-变量马达容积调速回路。

将图 4.5.6 (b) 中的变量泵换成定量泵,定量马达置换成变量马达即构成定量泵-变量马达的容积调速回路,如图 4.5.7 所示。定量泵的转速和排量是不变的,改变变量马达的排量即可达到调速的目的。液压泵最高供油压力同样由溢流阀来限制。该调速回路中马达能输出的最大转矩与变量马达的排量成正比,马达转速与其排量成反比,能输出的最大功率恒定不变,故称这种回路为恒功率调速回路。

这种调速回路具有恒功率调速的特点,但调速范围小(马达的排量因受到拖动负载能力和机械强度的限制而不能调得太小),且不能使液压马达平稳反向,因此这种调速回路目前很少单独使用。

(3) 变量泵-变量马达组成的容积调速回路。

如图 4.5.8 所示,双向变量泵 1 可双向供油,用以实现液压马达的换向。单向阀 6 和 7 用于实现双向补油,而单向阀 8 和 9 则使溢流阀 5 能在两个方向起安全保护作用。

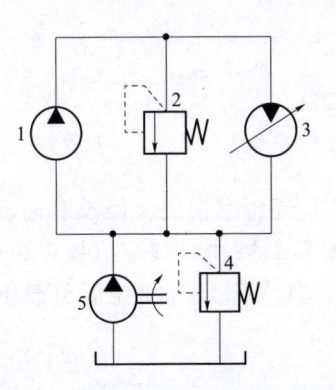

图 4.5.7 定量泵-变量马达容积调速回路
1—定量泵;2,4—溢流阀;
3—变量马达;5—辅助定量泵

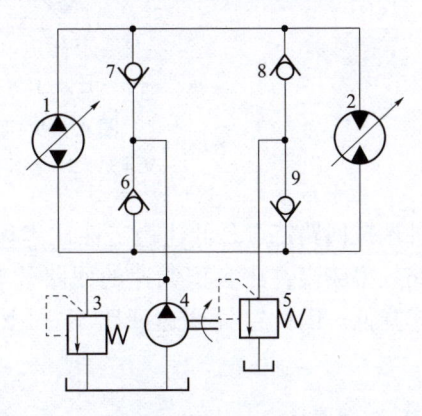

图 4.5.8 变量泵-变量马达容积调速回路
1—双向变量泵;2—双向变量马达;
3,5—溢流阀;4—辅助定量泵;6,7,8,9—单向阀该回路的调速过程分为两个阶段：

第一阶段——低速段，将马达的排量调至最大，通过改变泵的排量实现调速。该阶段回路的特点与变量泵-定量马达容积调速回路一致，为恒转矩调速，马达的转速随泵的排量的增大而增大。

第二阶段——高速段，当泵的排量调至最大时，使其固定，通过调节变量马达的排量实现调速。该阶段回路的特点与定量泵-变量马达容积调速回路一致，随着马达排量的增加，马达的转速逐渐升至最高。此时泵处于最大输出功率状态，故马达处于恒功率状态。

总的调速范围为低、高速两段调速范围的乘积，这种调速回路适用于机床主运动等大功率的液压系统中。

3. 容积节流调速回路

容积节流调速回路采用变量泵供油，用流量阀控制进入或流出液压缸的流量来调节液压缸的运动速度，并可使变量泵的供油量自动地与液压缸所需的流量相适应。

图4.5.9所示为用限压式变量泵与调速阀组成的调速回路。调节调速阀可以调节输入液压缸的流量。如果调速阀开口由大到小，则变量泵输出的流量也随之由大减小，以相适应。这是因为调速阀开口变小，则液阻增大，泵的出口压力也随之升高，使泵的偏心自动减小，直至泵的输出流量等于调速阀允许通过的流量为止。如果限压变量泵的流量小于调速阀的调定的流量，则泵的压力将降低，使泵的偏心自动增大，泵的输出流量增大到与调速阀调定的流量相适应。这里，调速阀除了稳定进入液压缸的流量外，还可使泵的输出流量和液压缸所需流量相适应。

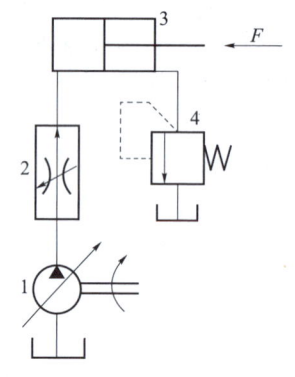

图4.5.9 容积节流调速回路

1—变量泵；2—调速阀；3—液压缸；4—溢流阀

这种调速回路特点是低速稳定性比容积调速高，有节流功率损失，但没有溢流功率损失，回路效率较高，比容积调速的回路效率稍低，随着负载减小，其节流损失也就增大，相应效率降低。因此这种调速回路不宜用于负载变化大且大部分时间在低负载下工作的场合。

【任务实施】

步骤一：识别图4.5.10中的液压元件（识元件）

请写出图4.5.10所示液压元件的名称。

图 4.5.10 液压元件

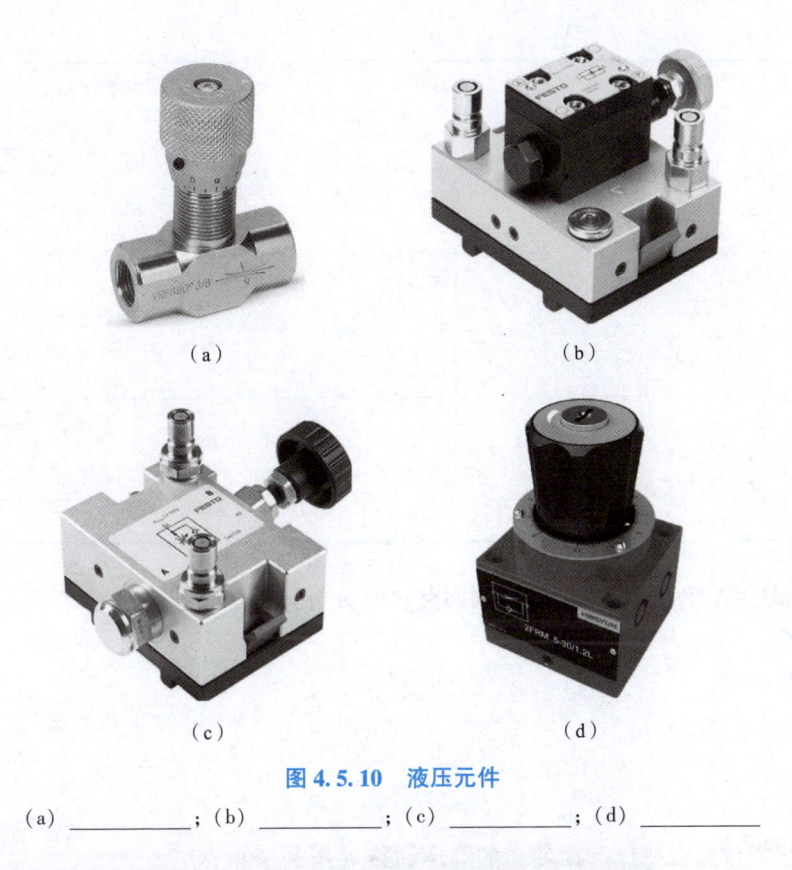

(a) _____ ; (b) _____ ; (c) _____ ; (d) _____

步骤二：分析数控机床回转刀架换刀完成的动作循环（析原理）

分析数控机床回转刀架换刀时完成的动作的先后顺序。

步骤三：设计数控机床刀盘回转控制回路

（1）MJ-50 数控车床液压系统采用变量泵供油，试分析刀架刀盘的回转需要哪些元件来实现，并填表 4.5.1。

表 4.5.1 数控车床元件

序号	选用元件	使用数量	对应图形符号

续表

序号	选用元件	使用数量	对应图形符号

（2）尝试绘制刀盘回转的液压控制回路，并分析其工作原理。

步骤四：搭建数控机床刀盘回转的液压回路（搭回路）

上传搭建回路视频到教学平台。

【任务总结】

请扫码完成本次工作的任务评价表。

任务评价表

【知识拓展】

请扫码查看完成拓展任务的知识锦囊。

气压流量控制阀和速度控制回路

【博闻强识】

请扫码观看中国自主研发高端数控机床实现突破。

打破技术壁垒 跨过"龙门"中国自主研发高端数控机床实现突破

工作任务五 液压辅助元件的选用与安装

任务目标

1. 掌握液压辅助元件的结构类型及特点；
2. 掌握液压辅助元件的工作原理及应用；
3. 掌握液压辅助元件的安装和使用过程中的注意事项。

任务简介

1. 本项目通过油箱换油、液压油过滤等实际案例，学习液压与气压传动技术辅助元件的相关知识，为后续课程的学习奠定理论基础。

2. 液压辅助元件的选用与安装任务学习地图。

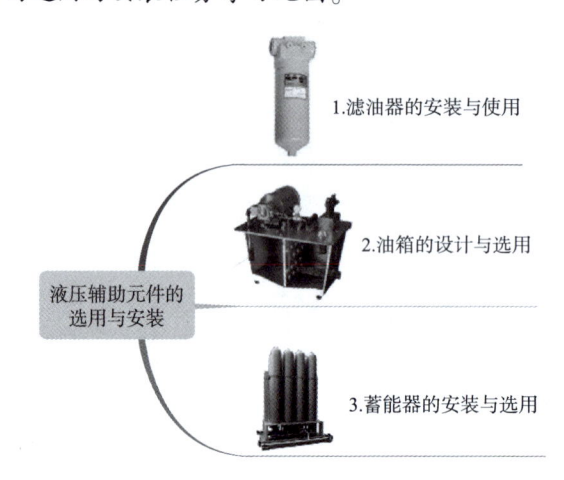

液压辅助元件的选用与安装
- 1.滤油器的安装与使用
- 2.油箱的设计与选用
- 3.蓄能器的安装与选用

子任务一 滤油器的安装与使用

【任务导读】

2023年11月13日下午，随着履带吊缓缓下放，重达600 t的刀盘和机身稳稳契合，青岛有史以来最大直径盾构机"海天号"顺利吊装下井。"海天号"盾构机开挖直径

15.63 m，整机总长 142 m，总重 5 166 t，配备了伸缩式主驱动、伸缩式开挖仓监视系统等一系列智能系统，如图 5.1.0 所示。盾构机还采用短螺旋输送机+碎石箱+碎石机的设计，有效减少因前舱渣石堆积造成的滞排风险。多项先进技术融合和针对性设计大幅提高了盾构机的施工安全保障，确保盾构设备安全、快速、高效地完成施工任务。"海天号"盾构机是青岛工程建筑史上投用的最大盾构机。盾构机液压系统的工作环境恶劣，液压油的清洁程度很难保证，所以其液压系统的滤油器的选择至关重要。那么滤油器的结构是什么？又该如何选用呢？

图 5.1.0 "海天号"盾构机

【任务目标】

【知识目标】
1. 掌握滤油器的结构类型及特点；
2. 掌握滤油器的工作原理及应用；
3. 掌握滤油器的安装和使用过程中的注意事项。

【能力目标】
1. 会根据不同情况选择滤油器；
2. 会分析滤油器的安装位置。

【素质目标】
1. 能够增强安全操作意识，做到安全操作；
2. 能够相互沟通与协作，学会举一反三、分析问题并解决问题。

【任务资讯】

一、滤油器的作用

滤油器又称过滤器，用于过滤混杂在油液中的杂质，减少进入液压系统中的油液的污染物，保证系统能正常地工作。滤油器的主要参数为过滤精度、压降特性和纳垢容量等。其图形符号如图 5.1.1 所示。

1. 过滤精度

过滤精度是指滤油器对各种不同尺寸不溶性硬质粒子的滤除能力，即指能被滤除的杂质颗粒的大小。它是滤油器的重要性能指标，通常用绝对过滤精度、过滤比和过滤效率等来评定。推荐的过滤精度如表 5.1.1 所示。

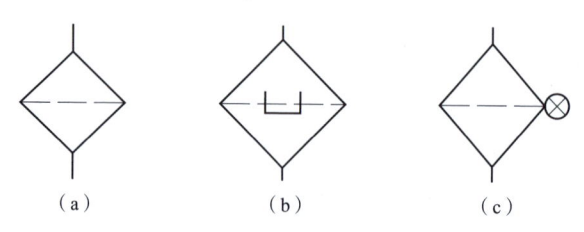

(a)　　　　　　　　(b)　　　　　　　　(c)

图 5.1.1　滤油器的图形符号

(a) 一般符号；(b) 带磁性滤油器；(c) 带污染指示滤油器

表 5.1.1　过滤精度推荐表

系统类别	润滑系统	传动系统			伺服系统
工作压力/MPa	0~2.5	—	—	—	21
过滤精度/μm	100	25~50	25	10	5

2. 压降特性

在滤芯尺寸和流量一定的情况下，滤芯的过滤精度越高，压力降越大；在流量一定的情况下，滤芯的有效过滤面积越大，压力降越小；油液的黏度越大，流经滤芯的压力降也越大。

3. 纳垢容量

指滤油器在压力降达到规定值之前可以滤除并容纳的污染数量，它是反映滤油器寿命的重要指标，这项指标多次通过试验来确定，一般来说，滤芯尺寸越大，即过滤面积越大，滤油器的纳垢容量就越大，纳垢容量越大，使用寿命越长。

二、滤油器的种类

滤油器按其滤芯材料的过滤机制来分，有表面型滤油器、深度型滤油器和吸附型滤油器 3 种。

1. 表面型滤油器

整个过滤作用是由一个几何面来实现的。滤下的污染杂质被截留在滤芯元件靠油液上游的一面。在这里，滤芯材料具有均匀的标定小孔，可以滤除比小孔尺寸大的杂质。由于污染杂质积聚在滤芯表面上，因此它很容易被阻塞住。编网式滤芯、线隙式滤芯属于这种类型。

2. 深度型滤油器

这种滤芯材料为多孔可透性材料，内部具有曲折迂回的通道。大于表面孔径的杂质直接被截留在外表面，较小的污染杂质进入滤材内部，撞到通道壁上，由于吸附作用而得到滤除。滤材内部曲折的通道也有利于污染杂质的沉积。纸心、毛毡、烧结金属、陶瓷和各种纤维制品等属于这种类型。

3. 吸附型滤油器

这种滤芯材料把油液中的有关杂质吸附在其表面上。磁心即属于此类。常见的滤油器及其特点如表 5.1.2 所示。

表 5.1.2 常见的滤油器及其特点

型号	名称及结构简图	特 点 说 明
表面型		1. 过滤精度与铜丝网层数及网孔大小有关。在压力管路上常用 100、150、200 目（每英寸长度上孔数）的铜丝网，在液压泵吸油管路上常采用 20~40 目铜丝网； 2. 压力损失不超过 0.04 MPa； 3. 结构简单，通流能力大，清洗方便，但过滤精度低
深度型		1. 滤芯由绕在心架上的一层金属线组成，依靠线间微小间隙来挡住油液中杂质的通过； 2. 压力损失为 0.03~0.06 MPa； 3. 结构简单，通流能力大，过滤精度高，但滤芯材料强度低，不易清洗； 4. 用于低压管道中，当用在液压泵吸油管上时，它的流量规格宜选得比泵大
深度型		1. 结构与线隙式相同，但滤芯为平纹或波纹的酚醛树脂或木浆微孔滤纸制成的纸心。为了增大过滤面积，纸心常制成折叠形； 2. 压力损失为 0.01~0.04 MPa； 3. 过滤精度高，但堵塞后无法清洗，必须更换纸心； 4. 通常用于精过滤
		1. 滤芯由金属粉末烧结而成，利用金属颗粒间的微孔来挡住油中杂质通过。改变金属粉末的颗粒大小，就可以制出不同过滤精度的滤芯； 2. 压力损失为 0.03~0.2 MPa； 3. 过滤精度高，滤芯能承受高压，但金属颗粒易脱落，堵塞后不易清洗； 4. 适用于精过滤
吸附型	磁性过滤器	1. 滤芯由永磁铁制成，能吸住油液中的铁屑、铁粉、可带磁性的磨料； 2. 常与其他形式滤芯合起来制成复合式滤油器； 3. 对加工钢铁件的机床液压系统特别适用

三、滤油器的选用与安装

1. 滤油器的选用

滤油器按其过滤精度（滤去杂质的颗粒大小）的不同，有粗滤油器、普通滤油器、精密滤油器和特精滤油器 4 种，它们分别能滤去大于 100 μm、10~100 μm、5~10 μm 和 1~5 μm 大小的杂质。

选用滤油器时，要考虑以下几点：

（1）过滤精度应满足预定要求。

（2）能在较长时间内保持足够的通流能力。

（3）滤芯具有足够的强度，不因液压的作用而损坏。

（4）滤芯抗腐蚀性能好，能在规定的温度下持久地工作。

（5）滤芯清洗或更换简便。

因此，滤油器应根据液压系统的技术要求，按过滤精度、通流能力、工作压力、油液黏度、工作温度等条件选定其型号。

2. 滤油器的安装

滤油器的安装位置如图 5.1.2 所示。

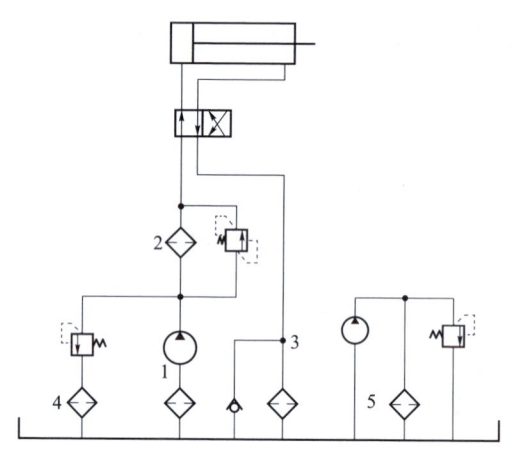

图 5.1.2 滤油器的安装位置

（1）要装在泵的吸油口处。泵的吸油路上一般都安装有表面型滤油器，目的是滤去较大的杂质微粒以保护液压泵，此外滤油器的过滤能力应为泵流量的 2 倍以上，压力损失小于 0.02 MPa。

（2）安装在泵的出口油路上。此处安装滤油器的目的是滤除可能侵入阀类等元件的污染物。其过滤精度应为 10~15 μm，且能承受油路上的工作压力和冲击压力，压力降应小于 0.35 MPa。同时应安装安全阀以防滤油器堵塞。

（3）安装在系统的回油路上。这种安装起间接过滤作用。一般与滤油器并联安装一背压阀，当滤油器堵塞达到一定压力值时，背压阀打开。

（4）安装在系统分支油路上。

（5）单独过滤系统。大型液压系统可专设一液压泵和滤油器组成独立过滤回路。

【任务实施】

步骤一：认识滤油器的作用（懂原理）

说一说滤油器的作用。

_____

_____

步骤二：识别滤油器的图形符号（识元件）

将图 5.1.3 所示图形符号和对应的名称连线。

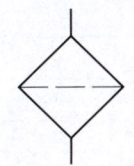

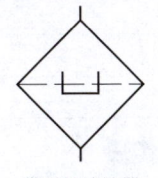

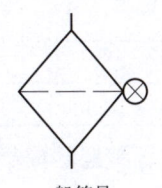

带污染指示滤油器　　带磁性滤油器　　一般符号

图 5.1.3　滤油器的图形符号

步骤三：选择盾构机液压系统滤油器（解问题）

（1）滤油器有哪些类型？

_____

_____

（2）盾构机液压系统适合选用哪种滤油器？

_____

_____

【任务总结】

请扫码完成本次工作的任务评价表。

任务评价表

【知识拓展】

请扫码查看完成拓展任务的知识锦囊。

气源装置

【拓展任务实施】

步骤一：说出气源装置的组成

说一说气源装置由哪几个部分组成。

_____
_____

步骤二：掌握气源装置组成部分的作用

（1）后冷却器的作用是什么？

_____
_____

（2）油水分离器的作用是什么？

_____
_____

（3）储气罐的作用是什么？

_____
_____

【拓展任务总结】

请扫码完成本次工作的任务评价表。

任务评价表

【博闻强识】

请扫码学习胶州湾第二隧道"海天号"盾构机掘进深海。

胶州湾第二隧道"海天号"盾构机掘进深海

子任务二　油箱的设计与选用

【任务导读】

　　数控系统是智能制造的核心元素,其智能化水平是实现智能制造装备、柔性制造单元、智能生产线、智能车间、智能工厂的基础支撑和保障,如图5.2.0所示。华中9型新一代智能数控系统,将新一代人工智能技术与先进制造技术深度融合,具备"指令域示波器""双码联控""热误差补偿""工艺优化""健康保障"等多项原创性的智能化单元技术,是世界上首台搭载AI芯片的智能数控系统,实现了中国数控系统技术从"跟跑"到"领跑"的"换道超车"。搭载这套数控系统的数控机床一般采用分离式油箱,什么是分离式油箱呢？

图 5.2.0　数控系统

【任务目标】

【知识目标】
1. 掌握油箱的结构类型及特点；
2. 掌握油箱的工作原理及应用；
3. 掌握油箱的安装和使用过程中的注意事项。

【能力目标】
1. 能够看懂油箱的设计图；
2. 能够根据系统要求选择合适的油箱。

【素质目标】
1. 能够增强安全操作意识,做到安全操作；
2. 能够相互沟通与协作,学会举一反三、分析问题并解决问题。

【任务资讯】

一、油箱的功能及结构

油箱是液压系统中用来存储油液、散热、沉淀油中固体杂质和分离油中空气的容器。

油箱按布置方式分总体式和分离式两种。总体式是利用机械设备的机身内腔作为油箱,结构紧凑、体积小、各处漏油易于回收,但维修、清理不便,油液不易散热,液压系统振动影响主机工作精度。分离式油箱是指设置一个独立油箱,与主机分开,克服了总体式的缺点,广泛用于组合机床、自动化生产线和精密机械设备上。

油箱按液面是否与大气相通,分为开式油箱和闭式油箱。开式油箱的液面与大气相通,在液压系统中应用广泛;闭式油箱液面与大气隔离,有隔离式和充气式两种,用于水下设备或气压不稳定的高空设备中。

油箱通常用钢板焊接而成,图5.2.1所示为油箱结构简图,图中1为吸油管,4为回油管,中间有两个隔板7和9,隔板7用于阻挡沉淀物进入吸油管,隔板9用于阻挡泡沫进入吸油管,脏物可从放油阀8放出,空气过滤器3设在回油管一侧的上部,兼有加油和通气的作用,6是油位计,当彻底清洗油箱时可将上盖5卸开,或经侧面的清洗窗口清洗。

如果将压力为0.5 MPa左右的压缩空气引入油箱中,使油箱内部压力大于外部压力,这时外部空气和灰尘不可能被吸入,提高了液压系统的抗污染能力,改善了吸入条件,这就是所谓的压力油箱。

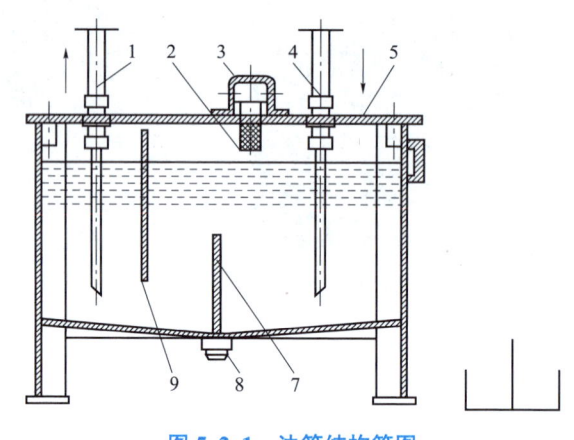

图 5.2.1 油箱结构简图

1—吸油管;2—滤油器;3—空气过滤器;4—回油管;5—上盖;6—油位计;7,9—隔板;8—放油阀

二、油箱的设计和选用

1. 油箱容量的选用

油箱要有足够的有效容积。当系统负载较大、长期连续工作时。油箱的有效容积(油面高度为油箱高度80%时的容积)应根据液压系统发热、散热平衡的原则来计算,一般只需按液压泵的额定流量来估计即可。一般低压系统油箱的有效容积为液压泵每分钟排出油液体积的2~4倍即可,中、高压系统时取为5~7倍,行走机械取为2倍。若油箱容积受限

制,不能满足散热要求时,需要安装冷却装置。

2. 油箱结构的设计要求

(1) 油箱应有足够的刚度和强度,为了在相同的容量下得到最大的散热面积,油箱外形以立方体或长六面体为宜。油箱一般用 2.5~4 mm 的钢板焊接而成,采用不锈钢板最好,但成本高,大多数情况下采用镀锌钢板或普通钢板内涂防锈的耐油涂料。尺寸高大的油箱要加焊角板、加强筋以增加刚度。油箱底脚高度应在 150 mm 以上,以便散热、搬移和放油。油箱内壁经喷丸、酸洗和表面清洗后,四壁可涂一层与工作油液相容的塑料薄膜或耐油清漆。

(2) 液压泵的吸油管和液压系统回油管相距应尽量远些,管口插入许用的最低油面以下,与箱底、箱壁间距均应大于管径的 2~3 倍,防止吸油时吸入空气和回油时油液冲入油箱搅动油面。吸油管端部装滤油器,滤油器距箱底不应小于 20 mm,并离油箱壁有 3 倍管径的距离以便四面进油。回油管端面应斜切 45°且面向箱壁,以增大通流面积。吸、回油管之间要用隔板隔开,以增大油液循环的路程,使油液有足够的时间分离气泡、沉淀杂质。隔板高度应小于箱内油面高度的 2/3。

(3) 为了防止油液污染,油箱上各盖板、管口处要妥善密封。油箱箱盖上应安装空气滤清器,以使油箱与大气相通,保证液压泵的吸油能力,其通气量应不小于泵流量的 1.5 倍。

(4) 为了易于散热和维护保养,油箱底面做成适当倾斜,并在油箱的最低处设置放油塞,以利于换油时排尽污物。箱体侧壁应设置液面计,箱内各处应便于清洗。

【任务实施】

步骤一:认识油箱的作用

说一说油箱的作用。

_____

_____

步骤二:了解油箱对液压油的存储和净化

(1) 油箱按布置方式分为哪两种方式?各自用在什么场合?

_____

_____

_____

(2) 油箱是如何对液压油进行存储和净化的?

_____

_____

_____

步骤三:掌握油箱的选用原则

数控机床为什么一般采用分离式油箱?

_____

_____

_____

【任务总结】

请扫码完成本次工作的任务评价表。

任务评价表

【知识拓展】

请扫码查看完成拓展任务的知识锦囊。

空气压缩机

【拓展任务实施】

步骤一：分析空气压缩机的工作原理

说一说空气压缩机的工作原理。

_____
_____
_____

步骤二：掌握空气压缩机在使用时的注意事项

说一说空气压缩机在使用时需要注意哪些问题。

_____
_____
_____

【拓展任务总结】

请扫码完成本次工作的任务评价表。

任务评价表

【博闻强识】

请扫码观看华中 9 型新一代智能数控系统。

华中 9 型新一代智能数控系统

子任务三　蓄能器的安装与选用

【任务导读】

20 世纪 90 年代末，经过三一重工研发团队几个月的艰辛攻关，中国第一台自制 37 m 臂架泵车下线了，它记载了中国工程机械民族品牌与国外品牌同台竞技并最终实现逆转的一段历史。在关键核心技术取得突破后，三一的泵车臂架长度不断增加，并创造了多个世界最长臂架混凝土泵车世界纪录。目前，三一拥有世界最长的 86 m 钢制臂架泵车。

三一的另一款核心产品超高压拖泵带着这一梦想，也在不断征战世界高度。2002 年，三一重工在香港国际金融中心创下单泵垂直泵送混凝土 406 m 的世界纪录；2007 年 12 月，三一重工在上海环球金融中心创造单泵垂直泵送 492 m 吉尼斯世界纪录；2014 年，三一重工在上海中心创造 620 m 超高层混凝土泵送新的世界纪录，实现了从"中国泵王"到"世界泵王"的完美跨越。国内 300 m 以上的高楼，80% 都是由三一混凝土设备完成施工任务的，500 m 以上高楼，则全部是由三一的泵送设备完成泵送施工任务。在泵车（图 5.3.0）液压系统中，蓄能器起到了辅助动力源、保持动力等作用。那么蓄能器是怎么工作的呢？

图 5.3.0　三一泵车

【任务目标】

【知识目标】

1. 掌握蓄能器的结构类型及特点；

2. 掌握蓄能器的工作原理及应用；
3. 掌握蓄能器安装和使用过程中的注意事项。

【能力目标】

1. 能正确判断蓄能器的类型；
2. 熟悉蓄能器的安装位置。

【素质目标】

1. 能够增强安全操作意识，做到安全操作；
2. 能够相互沟通与协作，学会举一反三、分析问题并解决问题。

【任务资讯】

一、蓄能器的作用

蓄能器（图5.3.1）是液压系统中用以储存压力能的装置，常用于间歇需要大流量的系统中，达到节约能量、减少投资的目的；也应用于液压系统中，起吸收脉动及减小液压冲击的作用。

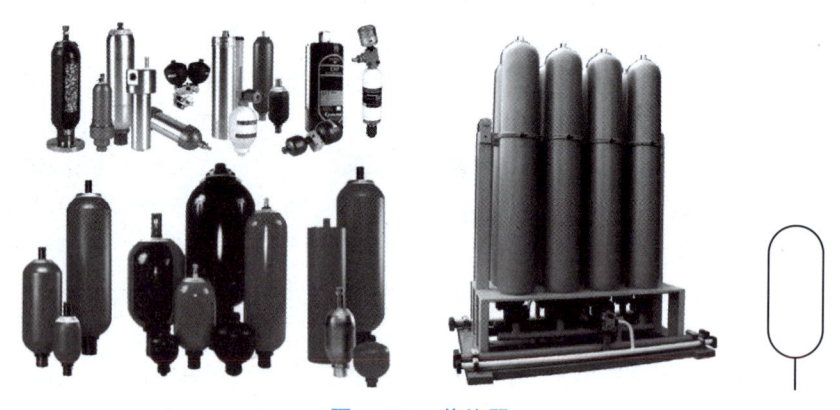

图5.3.1 蓄能器

（1）在短时间内供应大量压力油液 [图5.3.2（a）]：实现周期性动作的液压系统，在系统不需大量油液时，可以把液压泵输出的多余压力油液储存在蓄能器内，到需要时再由蓄能器快速释放给系统。这样就可使系统选用流量等于循环周期内平均流量 q_m 的液压泵，以减小电动机功率消耗，降低系统温升。

（2）维持系统压力 [图5.3.2（b）]：在液压泵停止向系统提供油液的情况下，蓄能器能把储存的压力油液供给系统，补偿系统泄漏或充当应急能源，使系统在一段时间内维持系统压力，避免停电或系统发生故障时油源突然中断所造成的机件损坏。

（3）减小液压冲击或压力脉动 [图5.3.2（c）]：当阀门突然关闭时，可能在液压系统中产生冲击力。在产生冲击力的部位加装蓄能器，可使冲击力得到缓和；泵的出口并接一蓄能器，可使泵的流量脉动以及因之而引起的压力脉动减小。

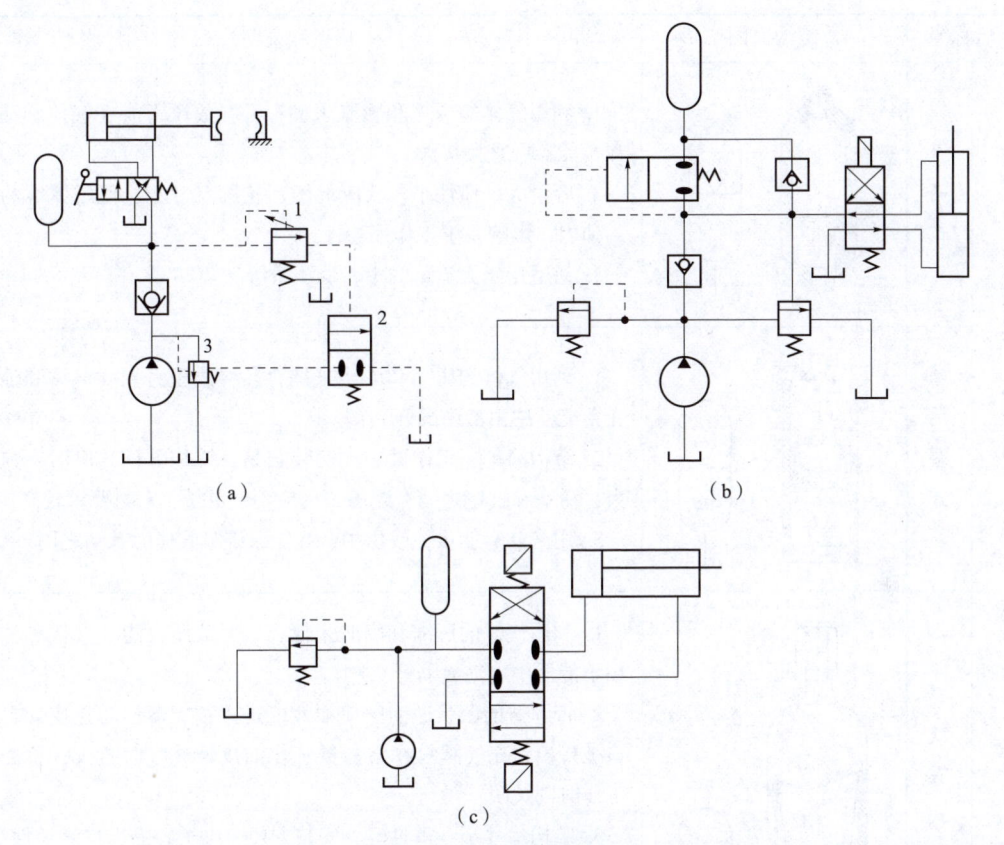

图 5.3.2　蓄能器的作用

(a) 供应压力油；(b) 维持系统压力；(c) 减小液压冲击或压力脉动

二、蓄能器的分类

蓄能器主要有弹簧式和充气式两大类，其中充气式蓄能器应用广泛，其类型又包括气瓶式、活塞式和气囊式 3 种。蓄能器的种类和特点如表 5.3.1 所示。

表 5.3.1　蓄能器的种类和特点

名称	结构简图	特点和说明
弹簧式		1. 利用弹簧的压缩和伸长来储存、释放压力能； 2. 结构简单、反应灵敏，但容量小； 3. 供小容量、低压（$p \leqslant 1 \sim 1.2$ MPa）回路缓冲之用，不适用于高压或高频的工作场合

续表

名称		结构简图	特点和说明
充气式	气瓶式		1. 利用气体的压缩和膨胀来储存、释放压力能（气体和油液在蓄能器中直接接触）； 2. 容量大、惯性小、反应灵敏、轮廓尺寸小，但气体容易混入油内，影响系统工作平稳性； 3. 只适用于大流量的中、低压系统
	活塞式		1. 利用气体的压缩和膨胀来储存、释放压力能（气体和油液在蓄能器中由活塞隔开）； 2. 结构简单、工作可靠、安装容易、维护方便，但活塞惯性大，活塞和缸壁之间有摩擦，反应不够灵敏，密封要求较高； 3. 用来储存能量，或供中、高压系统吸收压力脉动之用
	气囊式		1. 利用气体的压缩和膨胀来储存、释放压力能（气体和油液在蓄能器中由气囊隔开）； 2. 带弹簧的菌状进油阀使油液能进入蓄能器但防止皮囊自油口被挤出，充气阀只在蓄能器工作前皮囊充气时打开，蓄能器工作时则关闭； 3. 结构尺寸小、重量轻、安装方便、维护容易、皮囊惯性小、反应灵敏，但皮囊和壳体制造都较难； 4. 折合型皮囊容量较大，可用来储存能量；波纹型皮囊适用于吸收冲击

下面主要介绍常见的活塞式蓄能器和气囊式蓄能器的结构和特点。

1. 活塞式蓄能器

活塞式蓄能器是利用气体的压缩和膨胀来储存和释放压力能，其结构如图 5.3.3（a）所示。活塞的上部为压缩空气，气体由充气阀充入，其下部经油孔 4 通入液压系统中，活塞随下部液压油的储存和释放而在缸筒内滑动。活塞上装有密封圈，活塞的凹部面向气体，以增加气体室的容积。

这种蓄能器结构简单、易安装、维修方便。但活塞的密封问题不能完全解决，压力气体容易漏入液压系统中，而且由于惯性及受摩擦力的作用，活塞动作不够灵敏。

2. 气囊式蓄能器

气囊式蓄能器的结构如图 5.3.3（b）所示。气囊由气用耐油橡胶制成，固定在壳体的上部，工作前，从充气阀向气囊内充入惰性气体（一般为氮气）。压力油从壳体底部提升阀处充入，使气囊受压缩而储存液压能。当系统需要时，气囊膨胀，输出压力油。这种蓄能器的优点是惯性小、反应灵敏、容易维护、结构小、重量轻、充气方便，故应用广泛。

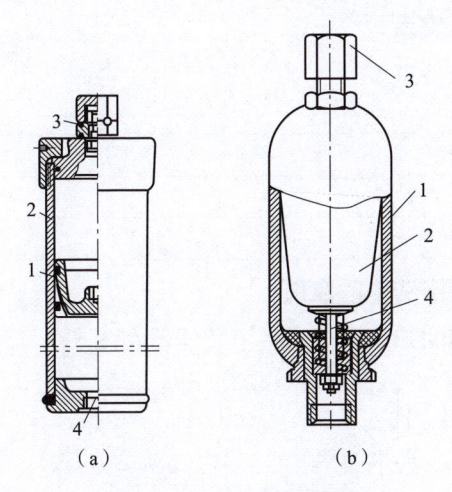

图 5.3.3 充气式蓄能器

(a) 活塞式蓄能器；(b) 气囊式蓄能器

(a) 1—活塞；2—缸筒；3—充气阀；4—油孔　(b) 1—壳体；2—气囊；3—充气阀；4—提升阀

三、蓄能器的安装与选用

蓄能器在液压回路中的安放位置随其功用而不同：吸收液压冲击或压力脉动时宜放在冲击源或脉动源近旁；补油保压时宜尽可能放在接近有关执行元件处。

使用蓄能器须注意以下几点：

（1）充气式蓄能器中应使用惰性气体（一般为氮气），允许工作压力视蓄能器结构形式而定，例如，皮囊式允许工作压力为 3.5~32 MPa。

（2）不同的蓄能器各有其适用的工作范围，例如，皮囊式蓄能器的皮囊强度不高，不能承受很大的压力波动，且只能在 −20~70 ℃ 的温度范围内工作。

（3）皮囊式蓄能器原则上应垂直安装（油口向下），只有在空间位置受限制时才允许倾斜或水平安装。

（4）装在管路上的蓄能器须用支板或支架固定。

（5）蓄能器与管路系统之间应安装截止阀，供充气、检修时使用。蓄能器与液压泵之间应安装单向阀，防止液压泵停车时蓄能器内储存的压力油液倒流。

【任务实施】

步骤一：说出蓄能器的作用

说一说蓄能器的作用。

步骤二：说出蓄能器的特点

说一说蓄能器的种类及特点。

_____
_____
_____

步骤三：分析蓄能器在回路中的应用

应用学过的液压控制阀的知识，分析一下蓄能器在图 5.3.4 所示回路中起到的作用。

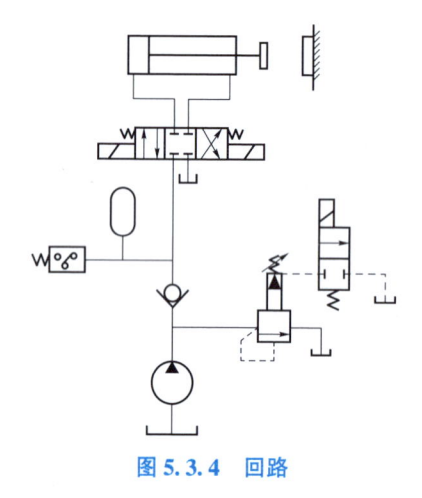

图 5.3.4　回路

_____
_____
_____
_____
_____
_____

【任务总结】

请扫码完成本次工作的任务评价表。

任务评价表

【知识拓展】

请扫码查看完成拓展任务的知识锦囊。

气动辅助元件

【拓展任务实施】

步骤一：说出气动辅助元件的作用

（1）油雾器的作用是什么？

_____

_____

（2）自动排水器的作用是什么？

_____

_____

（3）消声器的作用是什么？

_____

_____

（4）真空发生器的作用是什么？

_____

_____

步骤二：认识气动三联件的组成及作用

（1）气动三联件的组成及作用是什么？

_____

_____

（2）指出图5.3.5所示气动三联件图形符号的错误。

图5.3.5　气动三联件图形符号

【拓展任务总结】

请扫码完成本次工作的任务评价表。

任务评价表

【博闻强识】

请扫码阅读三一重工泵车自主创新之路。

三一重工泵车自主创新之路

工作任务六　典型液压与气压系统分析

任务目标

1. 能够掌握典型液压与气压传动系统的分析步骤和方法；
2. 能够掌握气压传动基本回路的工作原理和特点；
3. 能够正确绘制液压传动系统的工作原理图；
4. 能够正确绘制气压传动系统的工作原理图；
5. 能够以典型系统为导向，树立精益求精、一丝不苟的工匠精神以及了解中国制造的传统印记和大国工匠的精神。

任务简介

1. 本任务通过组合机床动力滑台、气动机械手等实际案例，学习液压与气压传动系统工作原理，掌握传动系统的特点。通过本任务的学习，学生能够分析基本回路并提升解决问题的能力。

2. 典型液压与气压系统分析任务学习地图。

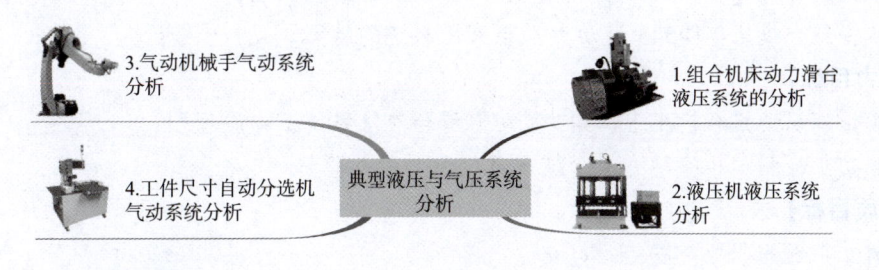

子任务一　组合机床动力滑台液压系统的分析

【任务导读】

制造业是国民经济的主体，制造业中各种机床扮演着十分重要的角色。组合机床由万能机床、专用机床发展而来。组合机床的设计制造周期短、生产效率高，因而在机械生产制造过程中使用广泛，如图 6.1.0（a）所示。目前，我国组合机床已经得到越来广泛的应用，我国有80%以上的零件加工是在配备动力滑台液压系统的组合机床上实现的。

动力滑台是组合机床的重要组成部分，是零件加工必不可少的功能性部件，其在制造业中的地位越来越重要，如图6.1.0（b）所示。组合机床动力滑台的关键在于液压技术的应用，液压系统是其关键部分。

(a)　　　　　　　　　　　　(b)

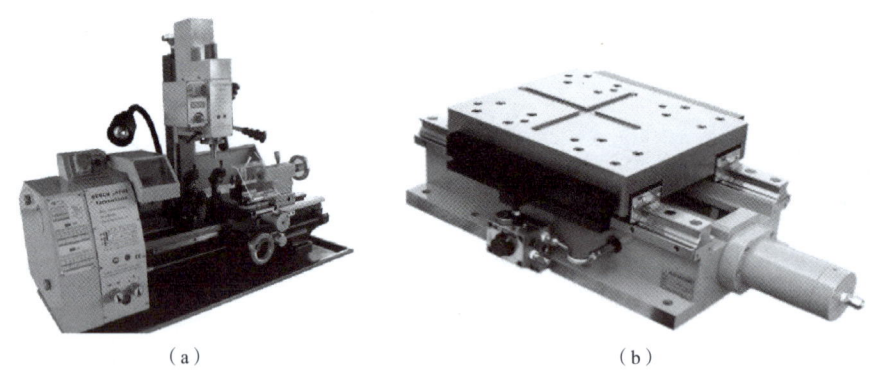

图6.1.0　组合机床及动力滑台

组合机床一般为多刀加工，切削负荷变化大，快慢速差异大；要求切削时的速度低而平稳；空行程时的进、退速度快；快、慢速的换接平稳；系统效率高，发热少，功率利用合理。动力滑台的液压系统要满足这些要求，就必须将各液压元件有机地组合，形成完整有效的液压回路。那么，组合机床动力滑台的液压系统是如何工作的呢？

【任务目标】

【知识目标】

1. 掌握组合机床YT4543型动力滑台液压系统的工作原理；
2. 掌握组合机床YT4543型动力滑台液压系统的特点。

【能力目标】

1. 能正确识读组合机床YT4543型动力滑台液压系统工作原理图；
2. 能初步检测和排除动力滑台液压系统常见的故障。

【素质目标】

1. 树立正确的职业态度；
2. 增强国家使命感和民族自豪感；
3. 能够相互沟通与协作，学会举一反三、分析问题并解决问题。

【任务资讯】

一、组合机床动力滑台液压系统工作原理

组合机床是一种高效率的专用机床，它由具有一定功能的通用部件（包括机械动力滑台和液压动力滑台）和专用部件组成，加工范围较广，自动化程度较高，多用于大批量生

产中。液压动力滑台由液压缸驱动，根据加工需要可在滑台上配置动力头、主轴箱或各种专用的切削头等工作部件，以完成钻、扩、铰、铣、镗、倒角、加工螺纹等加工工序，并可实现多种进给工作循环。

根据组合机床的加工特点，动力滑台液压系统应具备的性能要求是：在变负载或断续负载的条件下工作时，能保证动力滑台的进给速度稳定，特别是最小进给速度的稳定性；能承受规定的最大负载，并具有较大的工进调速范围以适应不同工序的需要；能实现快速进给和快速退回；效率高、发热少，并能合理利用能量以解决工进速度和快进速度之间的矛盾；在其他元件的配合下方便地实现多种工作的循环。

液压动力滑台是系统化产品，不同规格的滑台，其液压系统的组成和工作原理基本相同。现以 YT4543 型动力滑台为例分析组合机床动力滑台液压系统的工作原理。图 6.1.1 所示为 YT4543 型动力滑台液压系统工作原理图。该液压系统的动力元件和执行元件为限压式变量泵和单杆活塞式液压缸，系统中有换向回路、速度回路、快速运动回路、速度换接回路、卸荷回路等基本回路。回路的换向由电液换向阀完成，同时其中位机能具有卸荷功能，快速进给由液压缸的差动连接来实现，用限压式变量泵和串联调速阀来实现二次进给速度的调节，用行程阀和电磁阀实现速度的换接，为了保证进给的尺寸精度，采用了止挡块停留来限位。该动力滑台实现的自动工作循环为：快进→第一次工进（以下简称一工进）→第二次工进（以下简称二工进）→止挡块停留→快退→原位停止，该系统中电磁铁和行程阀的动作顺序如表 6.1.1 所示。

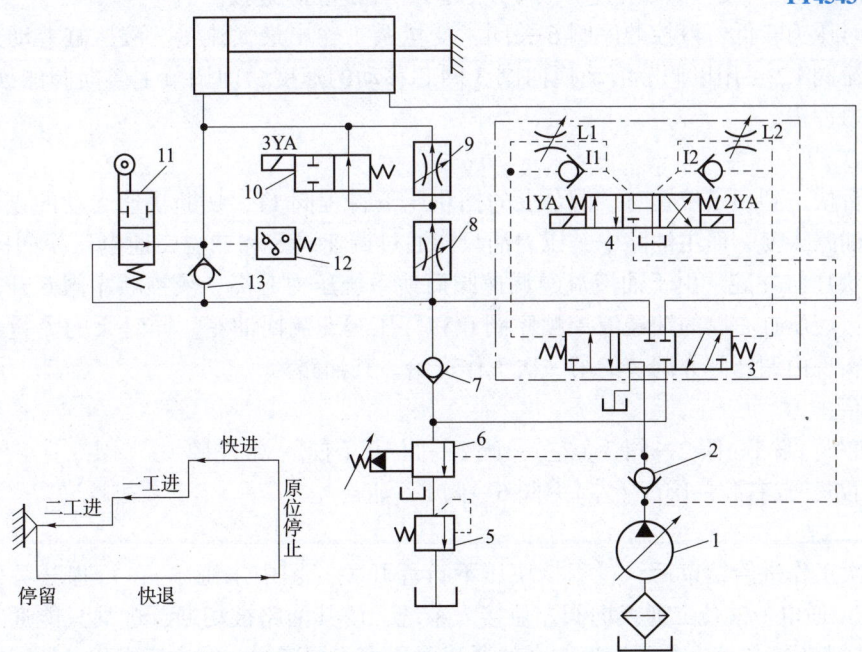

图 6.1.1　YT4543 型动力滑台液压系统工作原理图

1—变量泵；2，7，13—单向阀；3—液动换向阀；4，10—电磁换向阀；5—背压阀；
6—液控顺序阀；8，9—调速阀；11—行程阀；12—压力继电器

表 6.1.1　YT4543 型动力滑台液压系统电磁铁和行程阀动作顺序

工作循环	1YA	2YA	3YA	行程阀
快进	+	−	−	−
一工进	+	−	−	+
二工进	+	−	+	+
止挡块停留	+	−	+	+
快退	−	+	−	+ −
原位停止	−	−	−	−

注：表中"+"表示电磁铁得电或行程阀被压下，"−"表示电磁铁失电或行程阀抬起。

1. 快进

按下启动按钮，电磁铁 1YA 得电，电磁换向阀 4 的左位接入系统，液动换向阀 3 在压力油的作用下左位也接入系统。其油路为

控制油路：

$\begin{cases} 进油路：泵 1→阀 4（左）→I1→阀 3 左端（使阀 3 换为左位）\\ 回油路：阀 3 右端→L2→阀 4（左）→油箱（换向时间由 L2 调节） \end{cases}$

主油路：

$\begin{cases} 进油路：泵 1→阀 2→阀 3（左）→阀 11→缸左腔 \\ 回油路：缸右腔→阀 3（左）→阀 7→阀 11→缸左腔 \end{cases}$ 差动连接

快进时压力较低，液控顺序阀 6 关闭，变量泵 1 输出最大流量。液压缸差动连接实现快进。节流阀 L2 可用以调节液动换向阀 3 网芯移动的速度，即调节主换向阀的换向时间，以减小压力冲击。

2. 一工进

当滑台快进到预定位置时，滑台上的挡块压下行程阀 11，切断快速运动的进油路。此时，控制油路未变，而主油路中，压力油只能通过调速阀 8 和二位二通电磁换向阀 10（右位）进入液压缸左腔。由于油液流经调速阀而使系统压力升高，液控顺序阀 6 开启，单向阀 7 关闭，液压缸右腔的油经液控顺序阀 6 和背压阀 5 流回油箱。同时泵的流量也自动减小。滑台实现由调速阀 8 调节的第一次工作进给。其油路为

主油路：

$\begin{cases} 进油路：泵 1→阀 2→阀 3（左）→阀 8→阀 10（右）→缸左腔 \\ 回油路：缸右腔→阀 3（左）→阀 6→阀 5→油箱 \end{cases}$

3. 二工进

第一次工作进给结束后，行程挡块压下行程开关（图中未画出），行程开关发出电信号，使 3YA 通电，二位二通换向阀左位接入系统，使其油路被切断，进油只能通过调速阀 8 和 9 进入液压缸左腔。由于调速阀 9 的通流面积小于调速阀 8 的通流面积，所以滑台实现由调速阀 9 调速的第二次工作进给。其油路为

主油路：

$\begin{cases} 进油路：泵 1→阀 2→阀 3（左）→阀 8→阀 9→缸左腔 \\ 回油路：缸右腔→阀 3（左）→阀 6→阀 5→油箱 \end{cases}$

4. 止挡块停留

滑台完成第二次工作进给后，碰到滑台前端止挡块后停止运动。此时液压缸左腔压力升高，当压力升高到压力继电器12的开启压力时，压力继电器动作，向时间继电器发出电信号，由时间继电器延时控制滑台停留时间。这时的油路同第二次工作进给时的油路相同，但实际上，系统内油液已经停止流动，液压泵的流量已经减至很小，仅用于补充泄漏。

设置止挡块可提高滑台工作进给终点的位置精度及实现压力控制。

5. 快退

滑台停留时间结束时，时间继电器发出信号，使电磁铁2YA通电，1YA、3YA断电。这时电磁换向阀4右位接入系统，液动换向阀3也换右位接入系统，主油路换向。因滑台返回时为空载，系统压力低，变量泵的流量又自动恢复到最大值，故滑台快速返回。其油路为

控制油路：
$\begin{cases} 进油路：泵1→阀4（右）→L2→阀3右端（→使阀3换为右位）\\ 回油路：阀3左端→L1→阀4（右）→油箱（换向时间由L2调节） \end{cases}$

主油路：
$\begin{cases} 进油路：泵1→阀2→阀3（右）→缸右腔 \\ 回油路：缸左腔→阀13→阀3（右）→油箱 \end{cases}$ 快退

当滑台推至第一次工进起点位置时，行程阀11复位。由于液压缸无杆腔有效面积为有杆腔的2倍，故快退速度与快进速度基本相等。

6. 原位停止

当滑台快速退回到原始位置时，挡块压下原位行程开关（图中未画出），使电磁铁2YA断电，电磁换向阀4恢复中位，液动换向阀3也恢复中位，液压缸两腔油液被封闭，滑台被锁紧在起始位置上。这时液压泵则经单向阀2及阀3的中位卸荷。其油路为

控制油路：

进油路截止

回油路：$\begin{cases} 阀3左端→L1→阀4（中）→油箱 \\ 阀3右端→L2→阀4（中）→油箱 \end{cases}$

主油路：

进油路：泵1→单向阀2→液动换向阀3（中）→油箱

回油路：$\begin{cases} 液压缸左腔→阀13 \\ 液压缸右腔 \end{cases}$→阀3中位堵塞、液压缸停止并被锁住

单向阀2的作用是使滑台在原位停止时，卡在油路仍保持一定的控制压力（低压），以便能迅速启动。

二、组合机床动力滑台液压系统特点

通过对YT4543型动力滑合液压系统的分析，可知该系统具有以下特点：

（1）该系统采用了由限压式变量泵和调速阀组成的进油路容积节流调速回路，这种回路能够使动力滑台得到稳定的低速运动和较好的速度负载特性，而且系统无溢流损失，故系统效率较高。另外，回路中设置了背压阀，可以改善动力滑台运动的平稳性，并能使滑台承受一定的反向负载。

（2）该系统采用了限压式变量泵和液压缸的差动连接回路来实现快速运动，使能量的利用比较经济合理。动力滑台停止运动时，换向阀使液压泵在低压下卸荷，减少了能量损失。

（3）系统采用行程阀和液控顺序阀实现快进与工进的速度换接，动作可靠、速度换接平稳。同时，调速阀可起到加载的作用，可在刀具与工件接触之前就能可靠地转入工作进给，因此不会引起刀具和工件的突然碰撞。

（4）在行程终点采用了止挡块停留，不仅提高了进给时的位置精度，还扩大了动力滑台的工艺范围，更适合于镗削阶梯孔、刮端面等加工工序。

（5）由于采用了调速阀串联的二次进油路节流调速方式，可使启动和速度换接时的前冲量较小，并便于利用压力继电器发出信号进行控制。

【任务实施】

通过以上相关知识的学习，完成下面的任务。

步骤一：认识组合机床动力滑台及其液压系统

写出组合机床动力滑台液压系统应具备的性能要求。

_____
_____
_____

步骤二：掌握 YT4543 型组合机床动力滑台液压系统工作原理

（1）绘制 YT4543 型组合机床动力滑台液压系统工作原理图。

原理图：

（2）请写出"快进"工作循环的油路，并分析其工作原理。

工作循环的油路：	原理分析：

（3）请写出"一工进"工作循环的油路，并分析其工作原理。

工作循环的油路：	原理分析：

（4）请写出"二工进"工作循环的油路，并分析其工作原理。

工作循环的油路：	原理分析：

(5) 请写出"止挡块停留"工作循环的油路，并分析其工作原理。

工作循环的油路：

原理分析：

(6) 请写出"快退"工作循环的油路，并分析其工作原理。

工作循环的油路：

原理分析：

(7) 请写出"原位停止"工作循环的油路，并分析其工作原理。

工作循环的油路：

原理分析：

步骤三：领会组合机床动力滑台液压系统特点

写出组合机床动力滑台液压系统的特点。

_____

_____

【任务总结】

请扫码完成本次工作的任务评价表。

任务评价表

【博闻强识】

请扫码观看我国多工位组合机床的高效加工过程。

我国多工位组合机床的高效加工过程

子任务二　液压机液压系统分析

【任务导读】

　　锻压生产是机械制造行业的基础工艺之一，在装备制造业中占有举足轻重的地位。锻压生产由于具有材料利用率高、生产效率高和改善制件机械性能等显著特点，因此在装备制造业中得到了广泛的应用，同时在国防、航空航天、电力发电工业、交通运输业和民用工业等领域发挥的作用也越来越大。

　　锻造设备在锻压生产中起着决定性作用，在整个国民经济发展中也占据重要地位。锻造设备在国际社会中已有两百多年的发展历史，而国内的锻造设备仅仅发展了数十年，经过不断的引进、消化、吸收，国内已具备自主研发的能力并且成果颇丰。

　　锻造液压机可以用来完成各种锻压工艺过程及加压成形过程，如钢材的锻压，金属结构件的成形以及塑料、橡胶、粉末冶金的压制等，如图6.2.0所示。液压机可以任意改变加压的压力及各行程的速度，因而能很好地满足各种压力加工工艺要求。液压机是最早应用液压传动的机械之一，按照其工作介质是油还是水，可分为油压机和水压机。锻造液压机液压系统的控制性能对锻造液压机的快速性、精确度和稳定性有着直接的影响。那么，液压机液压系统是如何工作的呢？

图6.2.0 锻造液压机

【任务目标】

【知识目标】
1. 掌握 YA32-200 型四柱万能液压机液压系统的工作原理；
2. 掌握 YA32-200 型四柱万能液压机液压系统的特点。

【能力目标】
1. 能正确识读 YA32-200 型四柱万能液压机液压系统工作原理图；
2. 能初步检测和排除液压机液压系统常见的故障。

【素质目标】
1. 树立正确的职业态度；
2. 增强国家使命感和民族自豪感；
3. 任务完成后，能进行自我评估并提出改进措施。

【任务资讯】

一、液压机液压系统工作原理

液压机的类型有很多，其中四柱式液压机最为典型，应用也最广泛。这种液压机在其四个立柱之间安置着上、下两个液压缸。本任务介绍一种以油为介质的 YA32-200 型四柱万能液压机，如图 6.2.1 所示，其液压系统工作原理图如图 6.2.2 所示。该液压机主缸的最大压制力为 2 000 kN。

液压机液压系统完成的主要动作如下：

（1）主缸（上液压缸）驱动上滑块实现"快速下行→慢速加压→保压→泄压→快速回程→原位停止"的工作循环。

（2）顶出缸活塞的顶出、退回。

（3）在进行薄板拉伸时，有时还需要利用顶出缸将坯料压紧，实现浮动压边。

（4）液压机液压系统是一种以压力变换为主的中、高压系统，一般工作压力为 10～40 MPa，有些高达 100～150 MPa，且流量较大。因此，要求其功率利用合理，工作平稳性和安全可靠性高。

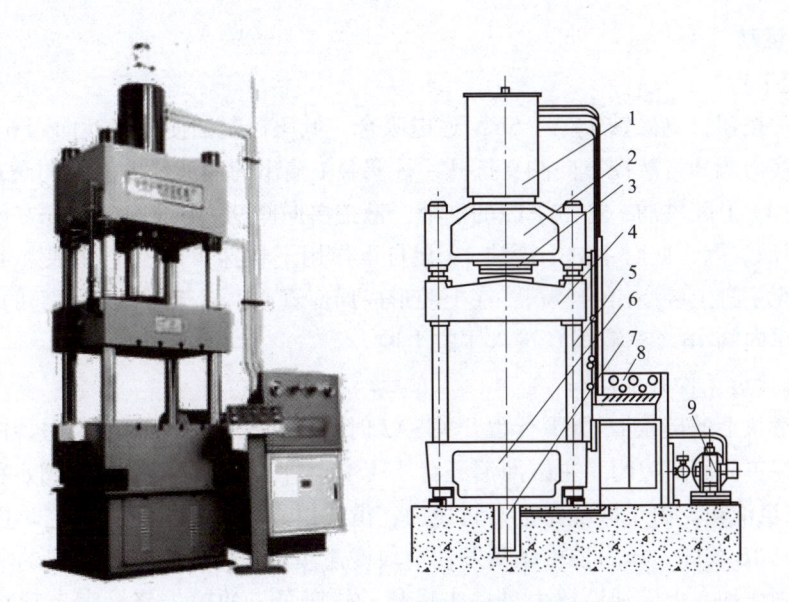

图 6.2.1　YA32-200 型万能液压机

1—冲液筒；2—上横梁；3—上液压缸；4—上滑块；5—立柱；
6—下滑块；7—下液压缸；8—电气操纵箱；9—动力机构

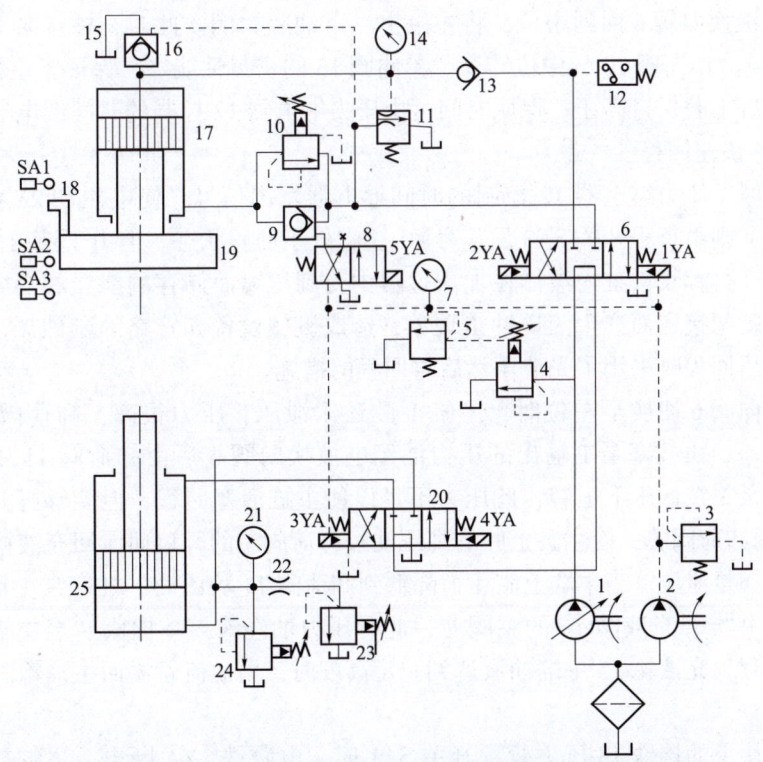

图 6.2.2　YA32-200 型四柱万能液压机液压系统工作原理图

1—柱塞泵；2—辅助泵；3，5—溢流阀；4，23，24—先导式溢流阀；6，20—电液换向阀；
7，14，21—压力表；8—电磁换向阀；9—液控单向阀；10—平衡阀；11—卸荷阀；12—压力继电器；
13—单向阀；15—充液箱；16—充液阀；17—主缸；18—挡铁；19—上滑块；22—节流阀；25—顶出缸

1. 主缸运动

1）快速下行

按下启动按钮，电磁铁 1YA、5YA 通电吸合，低压控制油使电液换向阀 6 切换至右位，同时经电磁换向阀 8 将液控单向阀 9 打开。柱塞泵 1 输出的油液经电液换向阀 6 右位、单向阀 13 向主缸 17 上腔供油，主缸下腔的油液经液控单向阀 9、电液换向阀 6 右位、电液换向阀 20 中位回油。因为此时主缸上滑块 19 在自重作用下快速下降，但柱塞泵 1 的全部流量还不足以补充主缸上腔空出的容积，在上腔形成局部真空，置于液压缸顶部的充液箱 15 的油液经液控单向阀 16（充液阀）进入主缸上腔。

2）慢速接近工件并加压

当主缸滑块上的挡铁 18 压下行程开关 SA2 时，电磁铁 5YA 断电，电磁换向阀 8 处于常态位置，液控单向阀 9 关闭。主缸回油经背压阀 10（平衡阀）、电液换向阀 6 右位、电液换向阀 20 中位至油箱。由于回油路上有背压力，滑块单靠自重不能下降，这时主缸上腔压力升高，充液阀 16 关闭，压力油推动活塞使滑块慢速接近工件。当主缸活塞的滑块抵住工件后，阻力急剧增加，上腔油液压力进一步提高，柱塞泵 1 的输出流量则自动减小，主缸活塞的速度变得更慢，此时滑块以极慢的速度对工件加压。

3）保压

当主缸上腔的油液压力达到压力继电器 12 的调整值时，压力继电器发出信号使电磁铁 1YA 断电，电液换向阀 6 回到中位，将主缸上、下油腔封闭。此时，柱塞泵 1 的流量经电液换向阀 6、电液换向阀 20 的中位卸荷。单向阀 13 的密封性能好，保证了主缸上腔良好的密封性，使主缸上腔保持高压。保压时间可由压力继电器 12 控制的时间继电器调整。

4）泄压并快速回程

保压结束时，压力继电器 12 控制的时间继电器发出信号，使电磁铁 2YA 通电（当定程压制成形时，则由行程开关 SA3 发信号），主缸处于回程状态。但由于液压机压力高，而主缸的直径大、行程长，缸内液体在加压过程中受到压缩而储存的能量相当大。为了防止上腔与回油路瞬间接通而产生液压冲击现象，造成机械设备和管路的剧烈振动，发出巨大的噪声，保压后回程时采用了先泄压然后再回程的措施。

当电液换向阀 6 切换至左位时，主缸上腔还未泄压，压力很高，卸荷阀 11（带阻尼孔）呈开启状态，由柱塞泵 1 输出的压力油经电液换向阀 6 后由卸荷阀 11 中的阻尼孔回油，这时柱塞泵 1 在低压下运转，此压力不足以使主缸活塞回程，但能够打开带卸荷阀芯的充液阀 16 的卸荷阀芯，使主缸上腔的高压油经卸荷阀芯的开口而泄回充液箱 15，使上腔压力降低，这就是泄压。当主缸上腔压力降低到卸荷阀 11 关闭时，柱塞泵 1 输出的油液压力进一步升高并推开充液阀 16 的主阀芯，此时压力油经液控单向阀 9 至主缸 17 的下腔，使活塞快速回程。充液箱 15 中的油液达到一定高度时，由溢流管溢回主油箱。

5）停止

当主缸滑块上的挡铁 18 压下行程开关 SA1 时，电磁铁 2YA 断电，主缸被中位机能为 M 型的电液换向阀 6 锁紧，主缸活塞停止运动，回程结束。此时，柱塞泵 1 的油液经电液换向阀 6、电液换向阀 20 的中位回油箱而处于卸荷状态。在使用过程中，主缸可停留在任意位置。

2. 顶出缸运动

顶出缸 25 在主缸停止运动时才能动作。由于系统压力油经过电液换向阀 6 后才进入控制顶出缸运动的电液换向阀 20，也即电液换向阀 6 处于中位时，才能使泵的压力油通向顶出缸，在电气配合下实现主缸和顶出缸的协调运动。

1）顶出

按下启动按钮，3YA 通电，电液换向阀 20 左位接入系统，柱塞泵 1 输出的压力油经电液换向阀 6 中位、电液换向阀 20 左位进入顶出缸下腔，上腔的油液经电液换向阀 20 回油，活塞上升。

2）退回

按下退回按钮，3YA 断电，4YA 通电，电液换向阀 20 右位接入系统，上腔进油，下腔回油，顶出缸活塞下降。

3）停止

按下停止按钮，电液换向阀 20 的电磁铁 3YA、4YA 断电，顶出缸即停止运动。

4）浮动压边

在进行薄板拉伸压边时，要求顶出缸下腔既保持一定的压力，又能跟随主缸滑块的下压而下降。这时应先使 3YA 通电，使顶出缸停止在顶出位置上，然后又断电，顶出缸下腔的油液被电液换向阀 20 封住。主缸滑块下压时，顶出缸活塞被迫随之下行，顶出缸下腔回油经节流阀 22 和先导式溢流阀 23 流回油箱，从而建立起所需的压边力。图 6.2.2 中所示的先导式溢流阀 24 是当节流阀 22 阻塞时起安全保护作用的。

YA32-200 型四柱万能液压机完成上述动作的电磁铁动作顺序如表 6.2.1 所示。

表 6.2.1　YA32-200 型四柱万能液压机液压系统电磁铁动作顺序

动作名称		信号来源	电磁铁				
^^	^^	^^	1YA	2YA	3YA	4YA	5YA
主缸	快速下行	按钮	+	−	−	−	+
^^	慢速加压	SA2	+	−	−	−	−
^^	保压	压力继电器	−	−	−	−	−
^^	泄压回程	时间继电器（按钮）	−	+	−	−	−
^^	停止	SA1	−	−	−	−	−
顶出缸	顶出	按钮	−	−	+	−	−
^^	退回	按钮	−	−	−	+	−
^^	停止	按钮	−	−	−	−	−
^^	压边	按钮	+	−	+/−	−	−

注：表中"+"表示电磁铁得电，"−"表示电磁铁失电。

二、液压机液压系统特点

通过对 YA32-200 型四柱万能液压机液压系统的分析，可知该系统具有以下特点：

（1）系统采用高压、大流量的恒功率变量泵供油，既符合工艺要求，又节省能量。这是液压机液压系统的一个特点。系统的工作压力由远程调压阀 5（溢流阀）来调节。

（2）利用活塞滑块自重的作用实现快速下行，以缩短辅助时间；采用充液阀对主缸充液，使系统结构简单，液压元件少并能节省能量，这在中、小型液压机中是一种常用的方案。

（3）采用密封性能好的单向阀 13，使保压过程可靠。为了减小由保压转换为快速回程时的液压冲击，采用了由卸荷阀 11 和充液阀 16 组成的泄压回路。

（4）顶出缸与主缸运动互锁。系统在电磁铁动作配合下，只有在电液换向阀 6 处于中位，即主缸不运动时，压力油才能进入电液换向阀 20，使顶出缸运动。同样，主缸的回油要经过电液换向阀 20 才能回油箱，从而保证了顶出缸停止运动时，主缸才能运动，以确保安全。

【任务实施】

通过以上相关知识的学习，完成下面的任务。

步骤一：认识液压机及其液压系统

写出液压机液压系统完成的主要动作。

_____

_____

_____

步骤二：掌握 YA32-200 型四柱万能液压机液压系统工作原理

（1）绘制 YA32-200 型四柱万能液压机液压系统工作原理图。

原理图：

（2）请写出"主缸运动"的工作过程，分析其工作原理，并填表 6.2.2。

表 6.2.2　主缸运动的工作过程

工作过程	工作原理

(3) 请写出"顶出缸运动"的工作过程，分析其工作原理，并填表 6.2.3。

表 6.2.3　顶出缸运动的工作过程

工作过程	工作原理

步骤三：领会液压机液压系统特点

写出液压机液压系统的特点。

_____

_____

_____

【任务总结】

请扫码完成本次工作的任务评价表。

任务评价表

【博闻强识】

请扫码观看我国自主研制液压机在制造业中的应用。

我国自主研制液压机在制造业中的应用

子任务三　气动机械手气动系统分析

【任务导读】

随着我国工业的发展，机械手在生产线中得到了广泛的应用，给生产带来了很大的方便和效益。例如在汽车零配件分拣中，用机械手来辅助分拣和搬运，可以极大化地减少人力使用，全面提高成品的生产效率，降低人工的分拣强度，保证安全。

机械手是自动生产设备和生产线上的重要装置之一，它可以根据各种自动化设备的工作需要，按照预定的控制程序动作，因此，在机械加工、冲压、锻造、铸造、装配和热处理等生产过程中被广泛用来搬运工件，借以减轻工人的劳动强度，也可实现自动取料、上料、卸料和自动换刀的功能。气动机械手是机械手的一种，它具有结构简单，自重小，动作迅速、平稳、可靠和节能等优点，如图6.3.0所示。气动系统具有结构相对简单、无污染、工作可靠、传动速度快、维护方便等一系列显著的优势，被广泛应用于机械制造业及其他行业中。那么，气动机械手是如何工作的呢？

图6.3.0　气动机械手

【任务目标】

【知识目标】

1. 掌握气动机械手的结构；
2. 掌握气动机械手气压传动系统的工作原理。

【能力目标】

1. 能正确辨认气动机械手的结构；
2. 能正确识读气动机械手气压传动系统的工作原理图。

【素质目标】

1. 能树立正确的职业态度；
2. 具有国家使命感和民族自豪感；
3. 具有举一反三的能力。

【任务资讯】

一、气动机械手概述

图 6.3.1 所示为用于某专用设备上的气动机械手结构，它由 4 个气缸组成，可在 3 个坐标轴方向上工作。其中，A 缸为夹紧缸，其在活塞杆退回时夹紧工件，在活塞杆伸出时松开工件；B 缸为长臂伸缩缸，可实现伸出和缩回动作；C 缸为立柱升降缸；D 缸为回转缸，该气缸有 2 个活塞，分别装在带齿条的活塞杆两头，齿条的往复运动带动立柱上的齿轮旋转，从而实现立柱及长臂的回转。

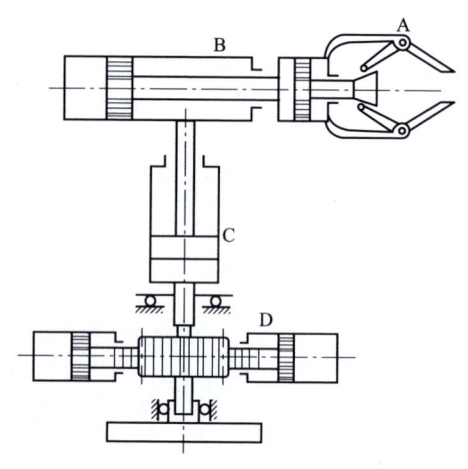

图 6.3.1 气动机械手的结构示意图

该气动机械手的控制要求是：

手动启动后，能从第一个动作开始自动延续到最后一个动作。

其要求的动作顺序为：

启动→立柱下降→伸臂→夹紧工件→缩臂→立柱旋转→立柱上升→放开工件→立柱旋转→启动（循环）。

二、气动机械手气动系统原理图及功能

气动机械手气动系统的控制阀均为电磁阀，缸体末端装有磁性行程开关，用以检测各

动作的到位情况。控制系统将根据动作时序表和行程开关状态来控制电磁阀的开关。

分析图 6.3.2 所示气动系统工作原理图时，按照先分析气源装置和执行元件，再分析控制元件及辅助元件的原则，明确机械手气动系统的组成元件及功能。

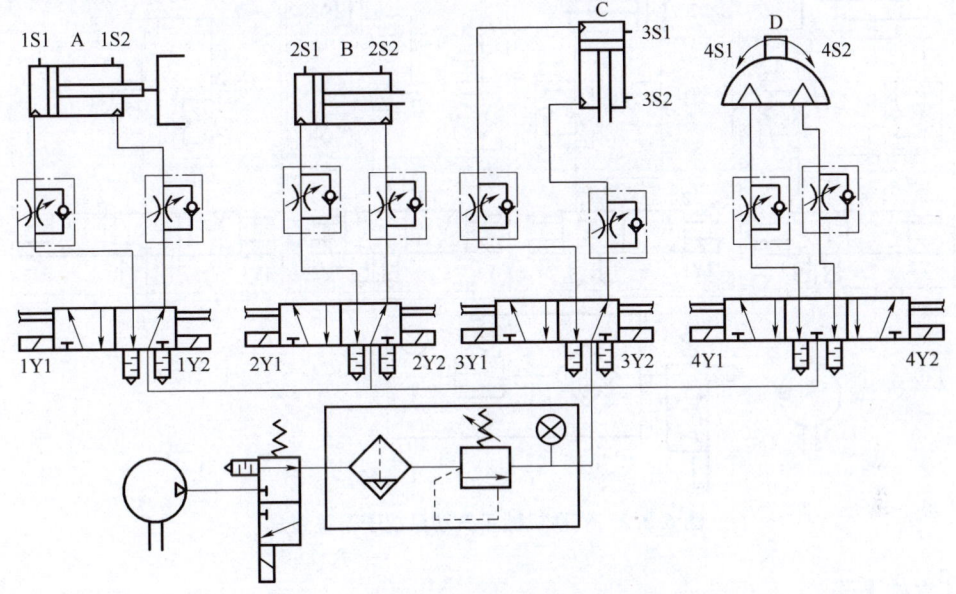

图 6.3.2　气动机械手气动系统工作原理图

1. 气源装置

1 个空气压缩机：为整个系统提供压力可变的气源。

2. 执行元件

4 个气缸：分别为升降缸、伸缩缸、夹紧缸和摆动缸。

3. 控制元件

3 个二位五通电磁换向阀，分别用于操作升降缸、伸缩缸以及夹紧缸气路的切换。从而实现立柱的升降、手臂的伸缩和工件的抓放。

1 个三位五通电磁换向阀，用于摆动缸气路的切换，不仅可以实现立柱的左右旋转，并能使其停在活动范围的任意位置。

8 个单向节流阀，用于调节气缸速度。

1 个二位三通换向阀，用于空气压缩机的连接。

4. 辅助元件

1 个气动三联件，用于气源处理，确保气动系统的稳定运行。

三、气动机械手气动系统子系统分析

如图 6.3.3 所示，气动机械手的气动原理图中共有 4 个执行元件，故可划分为 4 个子系统，整个系统由同一个气源供气。按顺序完成以下动作：立柱下降→伸臂→夹紧工件→缩臂→立柱旋转→立柱上升→放开工件→立柱旋转。

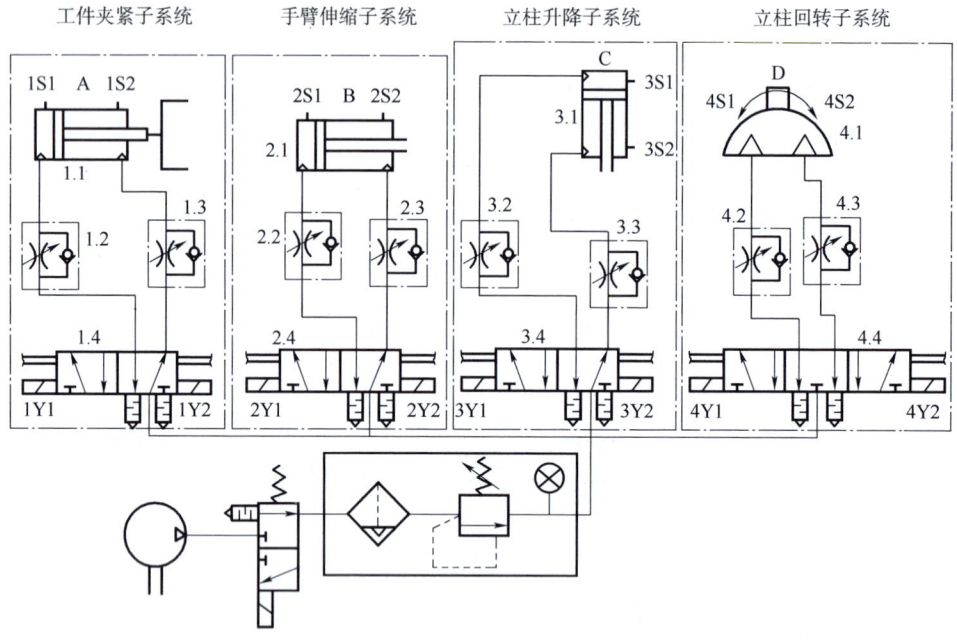

图 6.3.3　气动机械手气动系统子系统划分

1. 立柱下降

按下启动按钮，电磁铁 3Y1 得电，缸 C 活塞杆下降到 3S2 点，立柱完成下降动作。其气路如下：

进气路为

气源→电磁换向阀 3.4 左位→单向节流阀 3.2→气缸 3.1 无杆腔

排气路为

气缸 3.1 有杆腔→单向节流阀 3.3→电磁换向阀 3.4 左位→大气

2. 伸臂

当缸 C 活塞杆下降到 3S2 点后，电磁铁 2Y1 得电，缸 B 活塞杆伸出到 2S2 点，机械臂完成伸臂动作。其气路如下：

进气路为

气源→电磁换向阀 2.4 左位→单向节流阀 2.2→气缸 2.1 无杆腔

排气路为

气缸 2.1 有杆腔→单向节流阀 2.3→电磁换向阀 2.4 左位→大气

3. 夹紧工件

当手臂伸出到位后，电磁铁 1Y1 得电，缸 A 活塞杆运动到 1S2，手指气缸夹紧工件。其气路如下：

进气路为

气源→电磁换向阀 1.4 左位→单向节流阀 1.2→气缸 1.1 无杆腔

排气路为

气缸 1.1 有杆腔→单向节流阀 1.3→电磁换向阀 1.4 左位→大气

4. 缩臂

当手指气缸夹紧工件后，电磁铁 2Y1 断电，2Y2 得电，缸 B 活塞杆缩回到 2S1 点，机械臂完成缩回动作。其气路如下：

进气路为

气源→电磁换向阀 2.4 右位→单向节流阀 2.3→气缸 2.1 有杆腔

排气路为

气缸 2.1 无杆腔→单向节流阀 2.2→电磁换向阀 2.4 右位→大气

5. 立柱向右旋转

当手臂收缩到位后，电磁铁 4Y1 得电，摆动杠 D 向右摆动到 4S2 位置，机械手立柱向右旋转。其气路如下：

进气路为

气源→电磁换向阀 4.4 左位→单向节流阀 4.2→摆动缸 4.1

排气路为

摆动杠 4.1→单向节流阀 4.3→电磁换向阀 4.4 左位→大气

6. 立柱上升

当立柱转到 4S2 位置后，电磁铁 3Y2 得电，同时 3Y1 断电，缸 C 活塞杆上升到 3S1 点，立柱上升完成。其气路如下：

进气路为

气源→电磁换向阀 3.4 右位→单向节流阀 3.3→气缸 3.1 有杆腔

排气路为

气缸 3.1 无杆腔→单向节流阀 3.2→电磁换向阀 3.4 右位→大气

7. 放开工件

当立柱上升到位后，电磁铁 1Y2 得电，1Y1 断电，缸 A 活塞杆运动到 1S1，夹紧缸松开工件。其气路如下：

进气路为

气源→电磁换向阀 1.4 右位→单向节流阀 1.3→气缸 1.1 有杆腔

排气路为

气缸 1.1 无杆腔→单向节流阀 1.2→电磁换向阀 1.4 右位→大气

8. 立柱向左旋转

当夹紧缸松开工件后，电磁铁 4Y2 得电，4Y1 断电，摆动杠 D 向左摆动到 4S1 位置，机械手立柱向左旋转，此时机械手完成一个工作循环。其气路如下：

进气路为

气源→电磁换向阀 4.4 右位→单向节流阀 4.3→摆动缸 4.1

排气路为

摆动杠 4.1→单向节流阀 4.2→电磁换向阀 4.4 右位→大气

四、气动机械手气动系统电磁铁动作顺序表

此系统所有的控制阀均为电磁换向阀，气动机械手完成上述动作的电磁铁动作顺序表如表 6.3.1 所示。

表 6.3.1　气动机械手气动系统电磁铁动作顺序表

电磁铁动作	1Y1	1Y2	2Y1	2Y2	3Y1	3Y2	4Y1	4Y2
立柱下降	-	-	-	-	+	-	-	-
伸臂	-	-	+	-	+	-	-	-
夹紧工件	+	-	+	-	+	-	-	-
缩臂	+	-	-	+	+	-	-	-
立柱向右旋转	+	-	-	+	+	-	+	-
立柱上升	+	-	-	+	-	+	+	-
放开工件	-	+	-	+	-	+	+	-
立柱向左旋转	-	-	-	-	-	-	-	+

注："+"表示阀工作，"-"表示阀复位。

【任务实施】

通过以上相关知识的学习，完成下面的任务。

步骤一：认识气动机械手及其控制要求

写出气动机械手的控制要求。

_____

_____

步骤二：明确机械手气动系统的组成元件

请写出机械手气动系统的组成元件，并填表 6.3.2。

表 6.3.2　机械手气动系统的组成元件

组成元件	具体元件	功能

续表

组成元件	具体元件	功能

步骤三：分析机械手气动系统

请分析机械手气动系统，并填表6.3.3。

表 6.3.3　机械手气动系统的工作原理

子系统	原理图	工作原理

续表

子系统	原理图	工作原理

【任务总结】

请扫码完成本次工作的任务评价表。

任务评价表

【博闻强识】

请扫码观看仿生骨骼机械手在汽车零配件自动化生产线中的应用。

仿生骨骼机械手在汽车零配件自动化生产线中的应用

子任务四 工件尺寸自动分选机气动系统分析

【任务导读】

随着我国工业的发展,物料自动分选作业基本可实现无人化,其目的是减少人员的使用,减轻员工的劳动强度,提高人员的使用效率。而随着果品工业化进程的发展,鲜果分选生产线对其工艺的自动化要求越来越高,例如苹果分选生产线,其不同于桃、梨等其他分选生产线,需要依据苹果的品相、色泽、质量、糖度等多个指标进行分选。

自动分选机是一种用于将工件按照颜色、大小、形状等特征进行分选的机器,如图 6.4.0 所示。它主要应用于食品加工、药品制造、农产品加工、矿石加工、废弃物回收等领域。分选机的工作原理是通过高速摄像技术、图像处理技术、光电传感技术等技术手段,将物料的特征进行识别和分析,然后根据预设的程序对工件进行分类和分选,其中的气动系统对自动分选机的工作起着重要作用。那么,工件尺寸自动分选机气动系统是如何工作的呢?

图 6.4.0 自动分选机

【任务目标】

【知识目标】
1. 掌握工件尺寸自动分选机的工作原理;
2. 掌握工件尺寸自动分选机气动系统的工作原理图。

【能力目标】
1. 能正确识读工件尺寸自动分选机的工作原理;
2. 能正确识读工件尺寸自动分选机气动系统的工作原理图。

【素质目标】
1. 树立正确的职业态度;

2. 能够相互沟通与协作，学会举一反三、分析问题并解决问题；
3. 任务完成后，能进行自我评估并提出改进措施。

【任务资讯】

一、工件尺寸自动分选机气动系统

在工业生产中，经常要对传送带上的工件尺寸进行检测，并按合格和不合格进行分类。图 6.4.1 所示为某工件尺寸自动分选机工作原理图，当工件通过检测通道时，尺寸合格的工件将继续随着传送带传送至合格工件位置处，尺寸不合格的工件将掉入工作台下方的通道，随传送带运送到不合格工件位置处。

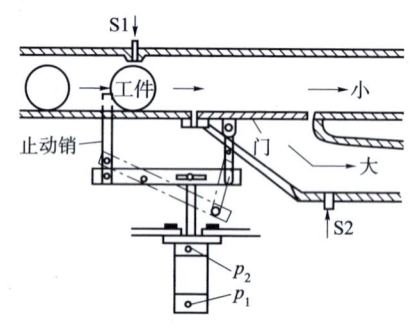

图 6.4.1 某工件尺寸自动分选机工作原理图

如图 6.4.2 所示，在工件分选的过程中，当尺寸不合格的工件通过检测通道时，空气喷嘴传感器 S1 产生信号，系统发出信号使气缸的活塞杆做缩回运动，并打开门使该工件流入下方通道，同时使止动销上升，防止后面工件继续通过而流入下方通道。当流入下方通道的工件经过传感器 S2 时，发出复位信号，使气缸伸出，门关闭，止动销退下，工件继续通过。当尺寸合格的工件通过检测通道时，则不产生信号。

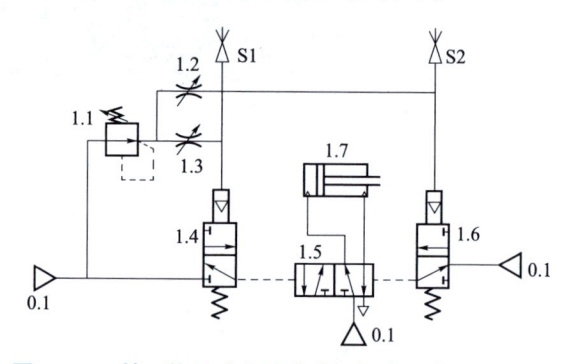

图 6.4.2 某工件尺寸自动分选机气动系统工作原理图

分析该气动系统工作原理图时，按照先分析能源元件和执行元件，再分析控制调节元件以及辅助元件的原则，明确气动系统的组成元件及功能。

1. 能源元件

1 个气源，为整个系统提供压力可变的气源。

2. 执行元件
1个气缸，为双作用单杆直线气缸，用于控制门的开启和止动销的上升。

3. 控制调节元件
1个二位五通电磁换向阀，用于气缸气路的切换。
2个二位三通换向阀（气控先导），用于控制二位五通电磁换向阀换向。
2个节流阀，用于控制空气流量。
1个减压阀，用于调节支路压力。

4. 辅助元件
2个空气喷嘴传感器。

二、工件尺寸自动分选机气动系统及特点

在工件分选的过程中，当尺寸不合格的工件通过检测通道时，空气喷嘴传感器 S1 产生信号，系统发出信号使阀 1.4 上位工作，把主阀 1.5 切换至左位，使气缸的活塞杆做缩回运动。当流入下方通道的工件经过传感器 S2 时，发出复位信号，阀 1.6 上位工作，使主阀复位，以使气缸伸出。

进气气路为：
     气源 0.1→二位五通换向阀 1.5 左位→气缸 1.7 有杆腔

排气回路为：
     气缸 1.7 无杆腔→二位五通换向阀 1.5 右位→大气

通过对某工件尺寸自动分选机气动系统工作原理的分析，对图 6.4.2 的气动系统特点总结如下：

（1）该系统采用空气喷嘴传感器发出信号，控制二位五通换向阀的换向，能够保证系统工作的可靠性。

（2）对二位三通换向阀换向支路，采用了减压阀以及节流阀，通过节流阀分别控制换向阀换向的速度，能够保证门和止动销动作的准确性。

（3）该系统的特点是结构简单、成本低，适用于检测一般精度的工件。

【任务实施】

通过以上相关知识的学习，完成下面的任务。

步骤一：认识工件尺寸自动分选机及其气动系统

写出工件尺寸自动分选机的工作过程。

步骤二：掌握工件尺寸自动分选机气动系统工作原理

绘制上述工件尺寸自动分选机气动系统工作原理图。

原理图：

步骤三：明确工件尺寸自动分选机气动系统的组成元件

请写出自动分选机气动系统的组成元件，并填表 6.4.1。

表 6.4.1　自动分选机气动系统的组成元件

组成元件	具体元件	功能

步骤四：分析工件尺寸自动分选机气动系统

【任务总结】

请扫码完成本次工作的任务评价表。

任务评价表

【博闻强识】

请扫码观看我国自主研制180°翻转型芯片分选机。

我国自主研制180°翻转型芯片分选机

附 录　常用液压与气动元件图形符号

（摘自 GB/T 786.1—2021）

1. 测量仪与指示器

名称	符号	说明	名称	符号	说明
压力表			温度计		一般符号
压差计			液位指示器（油标）		
计数器			流量计		
温度调节器			转速计		
数字流量计			扭矩仪		

2. 连接和管接头符号

名称	符号	说明	名称	符号	说明
软管总成			快换接头		带两个单向阀，断开状态
连接管路	0.75 m	两条管路的连接应标出连接点	快换接头		不带单向阀，连接状态
交叉管路		两条管路交叉但没有连接点，表明它们之间没有连接	旋转接头		三通路

3. 控制机构

名称	符号	说明	名称	符号	说明
人力控制		带有定位的推/拉控制机构	电气控制		带有一个线圈的电磁铁（动作指向阀芯）
		带有可拆卸把手和锁定要素的控制机构			带有一个线圈的电磁铁（动作背离阀芯）
		带有手动越权锁定的控制机构			带有两个线圈的电气控制装置（一个动作指向阀芯，另一个动作背离阀芯）
机械控制		带有可调行程限位的推杆			带有一个线圈的电磁铁（动作指向阀芯，连续控制）
		用于单向行程控制的滚轮杠杆			带有一个线圈的电磁铁（动作背离阀芯，连续控制）
电气控制		使用步进电机的控制机构			带两个线圈的电气控制装置（一个动作指向阀芯，另一个动作背离阀芯，连续控制）
机械反馈			先导控制		外部供油的电液先导控制机构

4. 泵和马达符号

名称	符号	说明	名称	符号	说明
定量泵		单向	变量泵		顺时针单向旋转
定量泵		双向	变量泵		双向流动
空气压缩机			变量泵		双向流动，带外泄油路单向旋转的变量泵
定量马达	液压马达　气马达	单向	变量马达	液压马达　气马达	单向
定量马达	液压马达　气马达	双向	变量马达	液压马达　气马达	双向
静液压传动装置（简化表达）		泵控马达闭式回路驱动单元（由一个单向旋转输入的双向变量泵和一个双向旋转输出的定量马达组成）	摆动马达		双向摆动，限制摆动角度

5. 缸符号

名称	符号	说明	名称	符号	说明
单作用单杆缸	液压 气压	靠弹簧力回程，弹簧腔带连接油口	单作用膜片缸		活塞缸终端带有缓冲，带排气口
单作用多级缸	液压 气压		双作用双杆缸		活塞杆直径不同，双侧缓冲，右侧缓冲带调节
双作用多级缸	液压 气压		行程两端带有定位的双作用缸		
双作用单杆缸			单作用气-液压力转换器		将气体压力转换为等值的液体压力
双作用双杆缸		左终点带有内部限位开关，内部机械控制，右终点带有外部限位开关，由活塞杆触发	单作用增压缸	p_1 p_2	将气体压力 p_1 转换为更高的液体压力 p_2
单作用柱塞缸			连续增压器	p_1 p_2	将气体压力 p_1 转换为较高的液体压力 p_2

附录 常用液压与气动元件图形符号

6. 方向控制阀符号

名称	符号	说明	名称	符号	说明
二位二通方向控制阀		双向流动，推压控制，弹簧复位，常闭	二位三通方向控制阀		单电磁铁控制，弹簧复位
		电磁铁控制，弹簧复位，常开			单向行程的滚轮杠杆控制，弹簧复位
二位四通方向控制阀		电磁铁控制，弹簧复位	三位四通方向控制阀		电液先导控制，先导级电气控制，主级液压控制，先导级和主级弹簧对中，外部先导供油，外部先导回油
二位四通方向控制阀		电液先导控制，弹簧复位	三位四通方向控制阀		双电磁铁控制，弹簧对中
三位五通方向控制阀		手柄控制，带有定位机构	单向阀		带有弹簧，只能在一个方向自由流动，常闭
		中位断开，两侧电磁铁与内部气动先导和手动辅助控制，弹簧复位至中位			一个方向自由流动

续表

名称	符号	说明	名称	符号	说明
液控单向阀		带有弹簧，先导压力控制，双向流动	双液控单向阀		先导式（国标里没有说明）
梭阀		逻辑为"或"，压力高的入口自动与出口接通	比例方向控制阀		直动式
伺服阀		带有电源失效情况下的预留位置，电反馈，集成电子器件			
		先导级带双线圈电气控制机构，双向连续控制，阀芯位置机械反馈到先导级，集成电子器件			主级和先导级位置闭环控制，集成电子器件

7. 压力控制阀符号

名称	符号	说明	名称	符号	说明
溢流阀		直动式，开启压力由弹簧调节	顺序阀		带有旁通单向阀
		电磁溢流阀（由先导式溢流阀与电磁换向阀组成，通电建立压力，断电卸荷）			直动式，手动调节设定值
		防气蚀溢流阀，用来保护两条供压管路	比例溢流阀		直动式，带有电磁铁位置闭环控制，集成电子器件
二通减压阀		直动式，外泄型			直动式，通过电磁铁控制弹簧来控制
		先导式，外泄型			带有电磁铁位置反馈的先导控制，外泄型

8. 流量控制阀符号

名称	符号	说明	名称	符号	说明
流量控制阀		滚轮连杆操纵，弹簧复位	节流阀		
比例节流阀		不受黏度变化影响	单向节流阀		单向自由流动
二通流量控制阀		开口度预设置，单向流动，流量特性基本与压降和黏度无关，带有旁路单向阀	三通流量控制阀		开口度可调节，将输入流量分成固定流量和剩余流量
集流阀		将两路输入流量合成一路输出流量	分流阀		将输入流量分成两路输出流量

9. 其他附件符号

名称	符号	说明	名称	符号	说明
气源处理装置	详细示意图 简图	气源处理装置（FRL装置），包括手动排水过滤器、手动调节式溢流减压阀、压力表和油雾器	过滤器		一般符号
					带有磁性滤芯的过滤器
					带旁路节流的过滤器
					带有光学阻塞指示器的过滤器
消声器			排水分离器	手动排水 自动排水	（油水分离气）
空气过滤器	手动排水 自动排水		热交换器		不带有冷却方式指示的冷却器
油雾分离器					加热器
空气干燥器					液体冷却的冷却器
油雾器	油雾器 手动排水式				温度调节器
蓄能器		隔膜式蓄能器	气瓶		
蓄能器		活塞式蓄能器	气罐		
真空发生器			油箱		管口在箱上
压力开关		可调节的机械电子式	压力传感器		输出模拟信号

参 考 文 献

[1] 于瑛瑛，王冰，刘丽萍. 液压与气压传动项目教程［M］. 北京：航空工业出版社，2015.
[2] 刘文倩. 液压与气压传动项目教程［M］. 北京：人民邮电出版社，2018.
[3] 沈向东，沈宁. 液压传动［M］. 3版. 北京：机械工业出版社，2020.
[4] 蒋光玉，冯新伟，刘顺心. 液压与气压传动项目教程［M］武汉：湖北科学技术出版社，2014
[5] 王守城，容一鸣. 液压与气压传动［M］. 2版. 北京：北京大学出版社，2021.
[6] 李兵，黄方平. 液压与气压传动［M］. 2版. 武汉：华中科技大学出版社，2019.
[7] 张德生，卜昭海，李东. 液压与气压传动［M］. 2版. 哈尔滨：哈尔滨工业大学出版社，2021.
[8] 姚林晓，韩林山. 液压与气压传动［M］. 2版. 北京：电子工业出版社，2022.
[9] 张群生. 液压与气压传动［M］. 4版. 北京：机械工业出版社，2022.
[10] 刘建明，孙杰. 液压与气压传动［M］. 5版. 北京：机械工业出版社，2024.
[11] 卢雪红. 液压与气压传动［M］. 徐州：中国矿业大学出版社，2018.
[12] 梅华平，冯定，付向葵，等. 液压与气压传动［M］. 北京：中国水利水电出版社，2018.
[13] 姜继海，宋锦春，高常. 液压与气压传动［M］. 3版. 北京：高等教育出版社，2019.
[14] 游有鹏，李成刚. 液压与气压传动［M］. 3版. 北京：科学出版社，2023.
[15] 许福玲. 液压与气压传动［M］. 4版. 北京：机械工业出版社，2018.
[16] 陈丽芳，孟辉. 液压与气压传动［M］. 2版. 北京：机械工业出版社，2023.
[17] 左建民. 液压与气压传动［M］. 4版. 北京：机械工业出版社，2018.
[18] 刘延俊. 液压与气压传动［M］. 4版. 北京：机械工业出版社，2020.
[19] 张文亭，吴敏. 液压与气压传动［M］. 北京：机械工业出版社，2024.
[20] 王积伟. 液压与气压传动［M］. 北京：机械工业出版社，2018.
[21] 贾铭新，陈雪峰，刘博. 液压传动与控制［M］. 北京：电子工业出版社，2017.
[22] 陈建灿，詹林伟. 液压与气压传动项目化教程［M］. 厦门：厦门大学出版社，2022.
[23] 朱新才. 液压传动与控制［M］. 重庆：重庆大学出版社，2020.
[24] 梅荣娣. 液压与气压传动控制技术［M］. 北京：北京理工大学出版社，2017.